全世界无产者，联合起来！

# 毛泽东文集

## 第四卷

（一九四五年八月——一九四七年十二月）

人民出版社

**图书在版编目(CIP)数据**

毛泽东文集　第4卷/中共中央文献研究室编.
-北京:人民出版社,1996.8
ISBN 978-7-01-002358-8

Ⅰ.毛…
Ⅱ.中…
Ⅲ.毛泽东著作-文集
Ⅳ.A41

**毛　泽　东　文　集**

MAO　ZEDONG　WENJI

**第　四　卷**

(一九四五年八月——一九四七年十二月)

中共中央文献研究室编

人民出版社 出版发行
(100706　北京朝阳门内大街166号)

北京新华印刷有限公司印刷　新华书店经销

1996年8月第1版　2009年11月北京第11次印刷
开本:635毫米×927毫米 1/16　印张:22
字数:221千　印数:35,801—39,900册

ISBN 978-7-01-002358-8　定价:39.00元

# 目　　录

# 关于赴重庆谈判问题复蒋介石的电报[1]

（一九四五年八月十六日、二十二日、二十四日）

## 一

重庆蒋委员长勋鉴：

未寒电[2]悉。朱德总司令本日曾有一电[3]给你，陈述敝方意见，待你表示意见后，我将考虑和你会见的问题。

毛　泽　东

未铣

根据一九四五年八月十七日《解放日报》刊印。

## 二

重庆蒋委员长勋鉴：

从中央社二十日新闻电中得读先生复电[4]，兹为团结大计，特先派周恩来同志前来晋谒，到后希予接洽为恳。

毛 泽 东

未养延安

根据一九四五年八月二十三日
《解放日报》刊印。

## 三

蒋介石先生勋鉴：

梗电[5]诵悉，甚感盛意，鄙人极愿与先生会见，商讨和平建国大计。俟飞机到，恩来同志立即赴渝晋谒。弟亦准备随即赴渝。晤教有期，特此奉复。

毛 泽 东

敬

根据手稿刊印。

## 注 释

〔1〕本篇收入的是毛泽东关于赴重庆谈判问题复蒋介石的三个电报。第一个电报在《解放日报》发表时，毛泽东加写了新闻导语："中国国民党政府主席蒋介石，十四日发了一个电报给中国共产党中央委员会主席毛泽东，请他去重庆讨论国事，没有提出讨论的范围与内容。十六日，毛泽东答复蒋氏一电，要求蒋氏对朱总司令给蒋氏电中所提关于国事的具体意见表示他的意见，然后考虑会见问题。"

〔2〕指蒋介石一九四五年八月十四日邀请毛泽东赴重庆谈判的第一个电报。电报说："倭寇投降，世界永久和平局面可期实现；举凡国际国内各种重要问题，亟待解决。特请先生克日惠临陪都，共同商讨，事关国家大计，幸勿吝驾。临电不胜迫切悬盼之至。"

〔3〕指毛泽东起草的第十八集团军总司令朱德一九四五年八月十六日给蒋介石的电报（《毛泽东选集》第四卷，人民出版社 1991 年版，第 1142—1146 页）。

〔4〕指蒋介石一九四五年八月二十日邀请毛泽东赴重庆谈判的第二个电报。该电一方面以"此次受降办法，系由盟军总部所规定，分成各战区，均予依照办理，中国战区亦然"为借口，拒绝第十八集团军总司令朱德八月十六日电报中提出的有关对日受降问题的要求；另一方面则再次打着和平建国的旗号"恳词"邀请毛泽东到重庆谈判，电报中说："深望足下体念国家之艰危，悯怀人民之疾苦，共同戮力，以事建设，如何以建国之功收抗战之果，甚有赖于先生之惠然一行，共定大计"，"特再驰电奉邀，务恳惠诺为感。"

〔5〕指蒋介石八月二十三日邀请毛泽东赴重庆谈判的第三个电报。电报说："承派周恩来先生来渝洽商，至为欣慰，惟目前各种重要问题均待与先生面商，时机切迫，仍盼先生能与恩来先生惠然偕临，则重要问题方得迅速解决，国家前途实利赖之。现已准备飞机迎迓，特再驰电速驾。"

# 抗日战争胜利后的新形势和新任务[1]

（一九四五年八月二十三日）

## 一

现在的情况是，我国抗日战争阶段已经结束，进入了和平建设阶段。全世界包括欧洲、东方，都进入了和平建设的阶段。第三次世界大战目前不会爆发是肯定的。我们可能在两种情况下进入和平建设阶段，一种是可以得到一部分大城市，一种是得不到。现在是得不到了。我们曾力争在进入和平阶段前进入若干大城市，如北平、天津、太原，没有成功。原因有二：一是苏联为了国际和平和受中苏条约[2]的限制，不可能也不适于帮助我们。我们的武器是步枪，没有外援很难打下日军占领的大城市。中苏条约是日本宣布投降后签字的，内容现在还未公布，大概苏军进军区域限于东北三省，进入热、察[3]是临时性质。苏联如公开助我，美国必公开助蒋，大战就可能爆发，和平不能取得。二是蒋介石利用其合法地位，使侵华日军只向国民党军队投降，我们想争一部分受降权而不可得，因为我们没有合法地位。虽然现在我们对国民党还要提出受降这个问题，但实际上是没有希望了。由于这两点，我们想力争的那一批胜利果实就得不到了。我们只能承认这个事实，这不是不力争的结果，我们只能在得不到大城市的情况下进入和平阶段。这是第一点。

第二，关于蒋介石的地位。他的有利方面是，有合法地位和大城市。他的不利方面是，在他面前摆着强大的解放区，他的内部有矛盾，他不能满足人民的民主、民生的要求。

第三，关于我们的地位。我们有利的方面是，抗日的功劳，这是蒋介石不能抹煞的，我们党目前在全国人民心目中的地位之高是大革命和内战时期所没有过的；广大解放区的存在，蒋介石无法进行封锁；我们党有为民主、民生而奋斗的纲领，能解决蒋介石所不能解决的问题。不利的方面是，我们没有得到大城市，没有机械化的军队，没有合法地位。

第四，我们之所以没有得到大城市和没有机械化的军队，一方面是我们没有外援，另一方面是我们的城市工作和军队工作（对伪军和国民党军）没有做好。当然，即使工作做好了，我们得到了北平、天津，也不一定能保得住。但我们的工作没有做好是事实，所以不能阻止国民党军占领大城市的行动。

第五，和平能否取得？内战能否避免？我们现在的口号是和平、民主、团结，过去的口号是抗战、团结、进步。和平是可能取得的，因为中国人民需要和平，苏、美、英也需要和平，不赞成中国打内战。中国过去是大敌当前，现在是疮痍满目，前方各解放区损失严重，人民需要和平，我们党需要和平。国民党暂时也不能下决心打内战，因为它的摊子没有摆好，兵力分散。胡宗南〔4〕现在只有三个军包围我们（其他的三个军去了山西，三个军在河南，一个军不知所在)，我们伸出拳头去，他就没有办法。同时，国民党军内部矛盾很多，这次他们缴了一百万日本侵略军的枪，可能引起新的矛盾。中央军、杂牌军共二百万，加上收编的伪军八十万，共二百八十万，它的实力无论如何弱于日军加伪军，而我们的军队还可以扩大。国民党本身有这些困难，加上解放区的存在，共产党不易被消灭，国内人民和国际上反对国民党打内战，因此内战是可以避免和必须避免的。我们党提出的和平、民主、团结三大口号是有现实基础的，能得到国内外的广大同情。

第六，蒋介石要消灭共产党的方针没有改变，也不会改变。他所以可能采取暂时的和平是由于上述各种条件的存在，他还需要医好自己的创伤，壮大自己的力量，以便将来消灭我们。我们应当利用他这个暂时和平时期。

第七，我们要求的条件，就是《目前紧急要求》十四条〔5〕，如果大家同意就通过，由书记处进行修改。十四条中除第三、四、五条外都是老的要求，着重于民主、民生问题。现在最现实的也是双方所力争的是第一条，即承认解放区和解放军。第三、四、五条要求参加处置日本投降后的一切重要工作和接受日军投降等是不得不提的，其中除参加和平会议及联合国会议一项或许有旧金山式〔6〕的希望外，其余都是没有希望的。关于第一条的争论一定是非常激烈的，双方可能要打打停停，甚至可能要打痛蒋介石才能逼着他让步，他总之是不会满足我们的要求的。过去争论过多年，他只承认我们编十二个师，就是为的等得到了大城市再和我们讲价钱，现在日本人走了，国共双方面对面了，问题拖不下去了。

第八，对国民党的批评，本来决定停一下的，但因为日本宣布投降，蒋介石下令要我们“驻防待命”，所以不得不再批评它一下，今后要逐渐缓和下来。以后我们的方针仍是“蒋反我亦反，蒋停我亦停”，以斗争达到团结，做到有理有利有节。不可能设想在蒋介石的高压下，不经过斗争就可以取得我们的地位。

第九，最近两个星期的进军〔7〕是必要的，集中了军队，振奋了人心，我们控制的县城已增至一百三十四个。今后还要进军一个时期，夺取更多的中小城市，发动群众，整训军队。解放区的人口和军队都扩大了，财政困难，穿衣吃饭问题如何解决？以后要缩编和搞生产。今冬要整训军队，摆出内战是不好打的姿式给蒋介石和美国看，以便在谈判中取得比较有利于我的解决。气不能松，松下来就谈不好。

第十，和平时期的两项重要工作——城市工作和军队工作，非常重要，过去我们没有做好，今后要下全力认真地去做。不学会做好这两项工作，中国人民的最后解放是不可能的。

第十一，七大时讲的长期迂回曲折，准备出现最大困难，现在要实行了。现在我国在全国范围内可能成立资产阶级领导的而有无产阶级参加的政府。中国如果成立联合政府，可能有几种形式。其中一种就是现在的独裁加若干民主，并将存在相当长的时期。对于这种形式的联合政府，我们还是要参加进去，进去是给蒋介石“洗脸”，而不是“砍头”。走这个弯路将使我们党在各方面达到更成熟，中国人民更觉悟，然后建立新民主主义的中国。四万万五千万人的中国差不多等于一个欧洲，欧洲现在许多国家还没有胜利，或者不是由共产党完全领导。

我们要准备有所让步。我们要准备对付最大的困难，如外国不帮助，军队可能因谈判而缩小，内部不一致等等。现在河南、湖北、湖南、广东、江苏、浙江的情况非常危险。但起决定作用的一点是我们内部的团结，只要我们自己团结一致，敌人是不能压倒我们的。

第十二，准备以中央委员会名义发表一个宣言〔8〕，以和平、民主、团结的新姿态出现。恩来同志马上去重庆谈判，谈两天就回来，我和赫尔利接着就去〔9〕。这回不能拖，应该去，而且估计也不会有什么大的危险。

第十三，各解放区要作持久之计。这回军队集中很好，但不便于过多集中的地方，应该根据吃饭、穿衣、有枪等条件加以改变。解放区可能要再来一个精兵简政。打仗一定要有利，没有把握的仗不打，只要把军队拿在手里就有办法。不要增加人民负担，今冬要搞大减租，明春要搞大生产。只要我们站稳脚跟，有清醒的头脑，就不怕一切大风大浪。

## 二

大家的意见很好，今天的方针是七大定下来的，七大的方针就是反对内战的方针。当前内战的威胁是存在着的，但国民党有很大困难，至少今年不会有大的内战，和平是可能的。在这种情况下，我们是进攻还是退却？主要的当然还是进攻，是在和平中的进攻，但部分的会有退却。解放区一万万人口、一百万军队，蒋介石是不会完全承认的。我们要准备有所让步，在数量上作些让步，以取得合法地位，以局部的让步换取在全国的合法地位，养精蓄锐来迎接新形势。对这种让步我们要有准备。另一方面，我们还要准备在合法工作中去进攻，利用国会讲坛去进攻，要学会作合法斗争。这对于我们是一个新环境，和北伐、内战、抗日三个时期都不同，因为这是和平时期。我们很需要利用这样一个时期来教育全国人民，来锻炼我们自己。学会了做许多工作，才有能力去搞全国、搞大城市工作。

机会主义的问题是不存在的。苏联红军不入关，这不是我们主观上的问题，日军不缴枪给我们，我们曾经力争过了。至于我们扩大地方是否是“左”倾机会主义？那也不是。有些地方我们占领了又退出，早知今日，何必当初？这种想法不对，退出了的地方，群众也得到了教育。插草为标时要搞大一点，到安居乐业时就搞小一点。经过三个时期的战争，现在来个和平时期，我们要准备做城市工作。

东北的工作如何？派干部去是确定的，派军队去现在还不能定，还要看形势，有可能不能去。

谈判如果不成功，国民党进攻我们，我们是否要打？应该打，但必须打胜仗。

解放区人民代表会议是否召开？如果实现了和平，就开一个和平、民主、团结的会议。

我是否去重庆？今天的会议决定还是去，而不是不去。但去的时机由政治局、书记处决定。所以回赫尔利的电报〔10〕是说先派恩来去。如果赫尔利、邵力子〔11〕来请，我就和他们一起去，这个姿态比较好。

我去重庆，决定由少奇同志代理我的职务，书记处另推陈云、彭真〔12〕同志为候补书记，以便我与恩来出去后，书记处还有五个人可以开会。

划定区域的问题，我们不提，因为我们要求承认一切解放区，但蒋介石是要提的。博古〔13〕同志提议把十四条归纳为六条，这个意见很好，交书记处再去考虑决定〔14〕。

根据中央档案馆保存的
讲话记录稿刊印。

## 注　释

〔1〕这是毛泽东在中共中央政治局扩大会议上的讲话（本篇一）和结论（本篇二）。

〔2〕指一九四五年八月十四日中国国民党政府同苏联政府在莫斯科签订的《中苏友好同盟条约》。八月二十六日，这个条约正式公布。

〔3〕热，指热河省，一九五五年撤销，当时辖区为今河北省东北部、辽宁省西南部、内蒙古自治区东南部。察，指察哈尔省，当时辖区为今河北省西北部及内蒙古自治区锡林郭勒盟，一九四九年改辖今河北省西北部及山西省北部，一九五二年撤销。

〔4〕胡宗南（一八九六——一九六二），浙江孝丰（今属安吉县）人。当时任国民党军第一战区司令长官。

〔5〕《目前紧急要求》十四条，是周恩来为中共中央起草经毛泽东修改的准备向国民党提出的，内容是："一、承认中国解放区的民选政府和抗日军队。二、撤退包围和进攻中国解放区的国民党军队，避免危害全国人民和扰乱国际和平的内战。三、划定八路军、新四军及华南抗日纵队接受日军投降的地区。四、容许中国解放区抗日军队及其代表参加处置日本投降后的一切重要工作。五、容许中国解放区选出代表参加将来关于处理日本的和平会议及联合国会议。六、严惩汉奸，解散伪军。七、释放爱国政治犯。八、救济被难同胞。九、承认各党派合法地位。十、取消特务机关。十一、取消一切妨碍人民自由的法令和对新闻出版物的检查条例。十

二、在一切收复地区，组织地方性的民主的联合政府，容纳中共及各方面抗日民主分子参加。十三、公平合理地整编军队，办理复员。十四、立即召开各党派及无党派代表人物的政治会议，商讨抗战结束后的紧急措施，制定民主的施政纲领，结束训政，成立民主的举国一致的联合政府，并筹备自由无拘束的普选的国民大会。”

〔6〕一九四五年四月二十五日至六月二十六日，联合国成立大会在美国旧金山举行。出席这次会议的中国代表团成员由国民党、共产党、民主同盟三方派代表组成。中共方面由董必武代表解放区出席了大会。这里所说的“旧金山式”，是指出席国际会议的中国代表团由国、共两党和其他民主党派派代表共同组成。

〔7〕指八月十一日至二十三日近两个星期内各解放区武装部队对日军进行的全面反攻。一九四五年八月十日，延安总部总司令朱德向各解放区所有武装部队发布限令日伪军投降的命令。八月十一日，延安总部又连续发布了六道命令，命令晋绥解放区贺龙领导的武装部队、晋察冀解放区聂荣臻领导的武装部队、冀热辽解放区的武装部队向内蒙古和东北进军；命令山西解放区的武装部队肃清同蒲路沿线和汾河流域的日伪军；命令各解放区的武装部队，向一切敌占交通要道展开积极进攻，迫使日伪军投降。各解放区的武装部队坚决执行这些命令，并取得了重大的胜利。

〔8〕即后来在一九四五年八月二十五日发表的《中共中央对目前时局宣言》。宣言提出：“中国共产党认为在这个新的历史时期中，我全民族面前的重大任务是：巩固国内团结，保证国内和平，实现民主，改善民生，以便在和平民主团结的基础上，实现全国的统一，建设独立、自由与富强的新中国，并协同英、美、苏及一切盟邦巩固国际间的持久和平”。宣言要求国民党政府立即实施六项紧急措施：“(一)承认中国解放区的民选政府和抗日军队，撤退包围与进攻解放区的军队，以便立即实现和平，避免内战。(二)划定八路军、新四军及华南抗日纵队接受日军投降的地区，并给与他们以参加处置日本的一切工作的权利，以昭公允。(三)严惩汉奸，解散伪军。(四)公平合理地整编军队，办理复员，救济难胞，减轻赋税，以苏民困。(五)承认各党派合法地位，取消一切妨碍人民集会结社言论出版自由的法令，取消特务机关，释放爱国政治犯。(六)立即召开各党派和无党派代表人物的会议，商讨抗战结束后的各项重大问题，制定民主的施政纲领，结束训政，成立举国一致的民主的联合政府，并筹备自由无拘束的普选的国民大会。”

〔9〕这里所说的周恩来和毛泽东赴重庆谈判的安排，一九四五年八月二十五

日中共中央政治局作了改变，决定毛泽东和周恩来一起去重庆同国民党进行谈判。毛泽东并于同日复电美军中国战区司令官魏德迈，欢迎赫尔利大使来延安，他和周恩来可以偕赫同机飞重庆。

〔**10**〕指毛泽东一九四五年八月二十三日复魏德迈的电报。电报说："来电奉悉，极表欢迎。为谋中国团结，远东和平，鄙人亟愿至渝与蒋委员长共商大计。兹先派周恩来将军前来接洽，请转达赫尔利大使并给交通便利为感。"

〔**11**〕邵力子（一八八二——一九六六），浙江绍兴人。当时任国民参政会秘书长，是国民党参加重庆谈判的代表。

〔**12**〕陈云（一九〇五——一九九五），江苏青浦（今属上海市）人。彭真，一九〇二年生，山西曲沃人。在中共七届一中全会上均被选为中共中央政治局委员。

〔**13**〕博古，即秦邦宪（一九〇七——一九四六），江苏无锡人。当时是中共中央委员。

〔**14**〕这次中央政治局扩大会议后，中央书记处把原拟的目前紧急要求十四条归纳成要求国民党政府立即实施的六项紧急措施，写入一九四五年八月二十五日《中共中央对目前时局的宣言》。

# 目前党的方针及新四军的工作部署

（一九四五年八月二十四日）

饶张赖〔1〕并转粟叶〔2〕：

各电悉。

（一）时局变化，抗日阶段结束，和平建设阶段开始。

（二）我党口号是和平、民主、团结。

（三）大城市进行和平、民主、团结的工作，争取我党的地位，不取军事占领政策。

（四）力争占领小城市及乡村。迅速设法占领运河沿线及串场河沿线各城市，将苏中、苏北、淮南、淮北打成一片。

（五）中央正向重庆谈判，避免内战，实现和平建国。

（六）蒋介石困难甚多，加上国内外压力，可能赞成和平建国。

（七）江南江北我军主力各就现地集结整训，恢复疲劳，养精蓄锐，准备于顽军进攻时，坚决、彻底、干净、全部消灭之（不要轻打，打则必胜，每次消灭其一部，各个击破之）。打得几个大胜仗，威震大江南北，对于促成国共谈判非常有利，顽军亦不敢轻视你们。

（八）一切作持久打算，依靠人民。

（九）设法向敌伪购买子弹，愈快愈多愈好，同时注意从敌伪撤退区收集军用资材，为持久计。

毛 泽 东

二十四日

根据手稿刊印。

## 注　　释

〔1〕饶，指饶漱石（一九〇三——一九七五），江西临川人，当时任中共中央华中局代书记兼新四军代政治委员。张，指张云逸（一八九二——一九七四），广东文昌（今属海南）人，当时任新四军副军长。赖，指赖传珠（一九一〇——一九六五），江西赣县人，当时任新四军参谋长。

〔2〕粟，指粟裕（一九〇七——一九八四），湖南会同人，当时任中共苏浙区委书记、新四军苏浙军区司令员兼政治委员。叶，指叶飞，一九一四年生，福建南安人，当时任新四军苏浙军区副司令员。

# 赴重庆谈判前在政治局会议上的讲话

（一九四五年八月二十六日）

根据各地反映，党内一些同志因为我们不能进入大城市，何应钦〔1〕不分配给我们受降缴械的地点，苏联红军不入关，情绪有些波动，需要安定一下。其实这一向我们已经有了很大的胜利，察热〔2〕没有蒋介石的足迹，江淮、山东、河北、山西、绥远〔3〕的大部分，都可以在我们手中。同志们现在的愤激是可以理解的，但还要仔细地计算一下。我们这个电报〔4〕发出后，可以解决这个问题。

我去重庆的问题，昨晚政治局七位同志同若飞〔5〕同志商谈，决定答复魏德迈的电报〔6〕，去。这样，我们可以取得全部主动权。去重庆，要充分估计到蒋介石逼我作城下之盟的可能性，但签字之手在我。谈判自然必须作一定的让步，只有在不伤害双方根本利益的条件下才能达到妥协。我们准备让步的第一批地区是广东至河南的根据地，第二批是江南的根据地，第三批是江北的根据地，这要看谈判的情况，在有利条件下是可以考虑让步的。〔7〕陇海路以北以迄外蒙一定要我们占优势。东北我们也要占优势，行政大员是国民党派，我们去干部，那里一定有文章可做。如果这些条件还不行，那末城下就不盟，我准备坐班房。我们党的历史上除何鸣事件〔8〕外，还没有随便缴枪的事，所以绝不要怕。如果是软禁，那也不用怕，我正是要在那里办点事。现在苏联红军不入关，美国军队不登陆，形式上是中国自己解决问题，实际上是三国〔9〕过问，三国都不愿中国打内战，国际压力是不利于蒋介石独裁统治的。中苏条约〔10〕有利于中国人民，苏联红军攻占东三省是有很大影响的。所以，重庆是可以去和必须去的。我可以打一个电报给蒋介石，说我要去，明天报上要发消息〔11〕。党的领导中心还在延安，党内也不会有什么扰乱，将来还可能有更多一些同志到外面去，只要有里面的中心，外面的中心也就能保得住。延安不要轻易搬家。

将来召开国民大会时，共产党员可否投票选蒋介石当大总统，这要看情况才能决定。蒋介石是共产党的敌人，但我们又不得不和他搭伙。

由于有我们的力量、全国的人心、蒋介石自己的困难和外国的干预四个条件，这次去重庆是可以解决一些问题的。

根据中央档案馆保存的
讲话记录稿刊印。

## 注　　释

〔1〕何应钦（一八九〇——一九八七），贵州兴义人。当时任国民党政府军事委员会参谋总长、国民党军陆军总司令部总司令兼中国战区受降最高指挥官。

〔2〕察，指察哈尔省，热，指热河省，见本卷第10页注〔3〕。

〔3〕绥远，指绥远省，一九五四年撤销，当时辖区为今内蒙古自治区乌兰察布盟、伊克昭盟、巴彦淖尔盟东部及呼和浩特市、包头市等地。

〔4〕指毛泽东一九四五年八月二十六日起草的《中共中央关于同国民党进行和平谈判的通知》(《毛泽东选集》第四卷，人民出版社1991年版，第1152—1155页)。

〔5〕若飞，即王若飞(一八九六——一九四六)，贵州安顺人。当时任中共中央重庆工作委员会书记，负责主持南方局日常工作。一九四五年八月二十八日同毛泽东、周恩来一起赴重庆谈判。

〔6〕指毛泽东一九四五年八月二十五日复美军中国战区司令官魏德迈的电报。电报说："鄙人承蒋委员长三电相邀，赫尔利大使两次表示愿望来延，此种诚意，极为心感。兹特奉达，欢迎赫尔利大使来延面叙，鄙人及周恩来将军可以偕赫尔利大使同机飞渝，往应蒋委员长之约，以期早日协商一切大计。"

〔7〕中共中央当时考虑可以让出的地区，指广东、浙江、苏南、皖南、皖中、湖南、湖北、河南(豫北不在内)等八个抗日根据地。

〔8〕何鸣事件，指一九三七年七月，当时任中共闽粤边特委代理书记、中国工农红军闽南独立第三团团长兼政治委员的何鸣，由于对国民党借谈判消灭闽粤边区红军的阴谋毫无察觉，致使所率独立第三团近千人被包围缴械。

〔9〕指苏、美、英三国。

〔10〕指一九四五年八月十四日中国国民党政府同苏联政府在莫斯科签订的《中苏友好同盟条约》。

〔11〕一九四五年八月二十七日，《解放日报》发表了《毛主席决定赴重庆商讨团结建国大计》的消息。

# 毛泽东赴重庆谈判期间由刘少奇代理中共中央主席职务

（一九四五年八月二十七日）

各局、各区党委：

抗日阶段瞬将完结，争取和平建设的新时期已经开始，国共关系必须调整，避免内战。中央决定毛、周[1]赴渝谈判。在毛离延期间，刘少奇同志代理主席职务，并增选陈云、彭真二同志为候补书记。

中　央

未感

根据毛泽东手稿刊印。

## 注　释

〔1〕周，指周恩来。

# 在重庆机场发表的谈话

（一九四五年八月二十八日）

本人此次来渝，系应国民政府主席蒋介石先生之邀请，商讨团结建国大计。现在抗日战争已经胜利结束，中国即将进入和平建设时期，当前时机极为重要。目前最迫切者，为保证国内和平，实施民主政治，巩固国内团结。国内政治上军事上所存在的各项迫切问题，应在和平、民主、团结的基础上加以合理解决，以期实现全国之统一，建设独立、自由与富强的新中国。希望中国一切抗日政党及爱国志士团结起来，为实现上述任务而共同奋斗。本人对于蒋介石先生之邀请，表示谢意。

根据一九四五年八月二十九日
《新华日报》刊印。

# 同国民党谈判的十一条意见

（一九四五年八月三十日）

刘[1]转中央：

兹将支日由周口头向国方代表张、张、王、邵四人提出的十一点意见[2]电告如下：

一、在和平、民主、团结基础上实现全国的统一，建设独立、自由和富强的新中国，彻底实现三民主义。

二、拥护蒋[3]先生，承认蒋先生在全国的领导地位。

三、承认国共两党及一切抗日民主党派的平等合法地位，确立长期合作、和平建国之方针。

四、承认解放区部队及地方政权在抗日战争中的功绩和合法地位。

五、严惩汉奸，解散伪军。

六、重划受降地区，参加受降工作。

七、停止一切武装冲突，各部暂留原地待命。

八、在结束党治过程中，迅速采取必要办法，达到政治民主化、军队国家化、党派平等合法的地步。

九、政治民主化的必要办法：

甲、由国民政府召开各党派及无党派代表人物的政治会议，协商国是，讨论团结建国大计、民主的施政纲领、各党派参加政府、重选国民大会及抗战后复员善后等项问题。

乙、确立省制，信任地方，陕甘宁边区及热河、察哈尔[4]、河北、山东、山西五省请委任中共推选之员为省府主席及委员组织省政府，其他绥远[5]、河南、江苏、安徽、湖北、浙江、广东及东北各省与平、津、青岛、上海四特别市，请委任中共推选之人员为省副主席、副市长及委员。

丙、积极推行地方自治，实行由下而上的普选。

丁、全国大赦。

戊、实行紧急救济。

十、军队国家化的必要办法：

甲、公平合理地整编全国军队，确定分期实施计划。解放区正规部队已达一百二十万人，亦拟逐步编成十六个军四十八个师。

乙、重划军区，确定征补制度。上条十六个军的驻防地区应集中于淮河流域及陇海路以北地区。

丙、保障人事制度，任用原部队人员为上述整编后部队的各级官位。

丁、中共及地方军事人员参加军事委员会及其各部的工作。

戊、设立北平行营及北方政治委员会，委任中共人员为主任。

己、编余官位，实行分区训练。

庚、解放区民兵，一律编为地方自卫队。

辛、设立公平合理的补给制度。

壬、确定政治教育计划。

十一、党派平等合法的必须办法：

甲、释放政治犯。

乙、保证各项自由。取消一切不合理的禁令。

丙、取消特务。

毛

陷

根据中央档案馆保存的原件刊印。

## 注　释

〔1〕刘，指刘少奇。

〔2〕这个谈判意见是周恩来起草的，原拟于一九四五年九月四日（支日）向国民党谈判代表提出，后提前于九月三日提出。张，指张群（一八八九——一九九一），四川华阳（今属双流）人，当时任国民党四川省政府主席。张，指张治中（一八九〇——一九六九），安徽巢县人，当时任国民党政府军事委员会政治部部长。王，指王世杰（一八九一——一九八一），湖北崇阳人，当时任国民党政府外交部部长。邵，指邵力子，当时任国民党政府军事委员会战地党政委员会秘书长。

〔3〕蒋，指蒋介石。

〔4〕热河，即热河省，察哈尔，即察哈尔省，见本卷第10页注〔3〕。

〔5〕绥远，即绥远省，见本卷第17页注〔3〕。

# 尽快派人到上海等地办报〔1〕

（一九四五年九月十四日）

中央并转张饶，李，林平〔2〕：

（一）上海《新华日报》及南京、武汉、香港等地以群众面目出版的日报，必须尽速出版。根据国民党法令，可以先出版后登记，早出一天好一天，愈晚愈吃亏。

（二）华中可去上海等地公开活动的，如范长江、钱俊瑞、阿英、梅雨〔3〕等，要多去，快去。除日报外，其他报纸、杂志、通讯社、书店、印刷所、戏剧、电影、学校、工厂等方，无不需要。就近请即先到上海工作，在今后和平时期中有第一重大意义，比现在华中解放区意义还重要些，必须下决心用最大力量经营之。

（三）工作进行情形望随时电告，以便配合。

毛、周

寒

根据中央档案馆保存的原件刊印。

## 注　　释

〔1〕这是毛泽东、周恩来在重庆谈判期间发出的电报。

〔2〕张，指张云逸，当时任新四军副军长。饶，指饶漱石，当时任中共中央华中局代书记兼新四军代政治委员。李，指李先念（一九〇九——一九九二），湖北黄安（今红安）人，当时任新四军第五师师长兼政治委员。林平，即尹林平（一九〇八——一九八四），江西兴国人，当时任中共广东区委书记。

〔3〕范长江（一九〇九——一九七〇），四川内江人，当时任华中新华社、华中新华日报社社长。钱俊瑞（一九〇八——一九八五），江苏无锡人，当时任新四军政治部宣传部部长。阿英，即钱杏邨（一九〇〇——一九七七），安徽芜湖人，作家，当时任华中文协常委。梅雨，即梅益，一九一三年生，广东潮安（今潮州）人，当时任中共上海文委书记。

# 答路透社记者甘贝尔问[1]

（一九四五年九月二十七日）

（一）问：是否可能不用武力而用协定的方法避免内战？

答：可能。因为这符合于中国人民的利益，也符合于中国当权政党的利益。目前中国只需要和平建国一项方针，不需要其他方针，因此中国内战必须坚决避免。

（二）问：中共准备作何种让步，以求得协定？

答：在实现全国和平、民主、团结的条件下，中共准备作重要的让步，包括缩减解放区的军队在内。

（三）问：中央政府方面须作何种的妥协或让步，才能满足中共的要求呢？

答：中共的主张见于中共中央最近的宣言[2]，这个宣言要求国民党政府承认解放区的民选政府与人民军队，允许他们参加接受日本投降，严惩汉奸伪军，公平合理地整编军队，保障人民自由权利，及成立民主的联合政府。

（四）问：你对谈判会达到协定甚至只是暂时协定一事，觉得有希望吗？

答：我对谈判结果，有充分信心，认为在国共两党共同努力与互相让步之下，谈判将产生一个不只是暂时的而且是足以保证长期和平建设的协定。

(五)问:假若谈判破裂,国共问题可能不用流血方法而得到解决吗?

答:我不相信谈判会破裂。在无论什么情形之下,中共都将坚持避免内战的方针。困难会有的,但是可能克服的。

(六)问:中共对中苏条约[3]的态度如何?

答:我们完全同意中苏条约,并希望它的彻底实现,因为它有利于两国人民与世界和平,尤其是远东和平。

(七)问:日本投降后,你们所占领的地区,是否打算继续占领下去?

答:中共要求中央政府承认解放区的民选政府与人民军队,它的意义只是要求政府实行国民党所早已允诺的地方自治,借以保障人民在战争中所作的政治上、军事上、经济上与教育上的地方性的民主改革,这些改革是完全符合于国民党创造者孙中山先生的理想的。

(八)问:如果联合政府成立了,你们准备和蒋介石合作到什么程度呢?

答:如果联合政府成立了,中共将尽心尽力和蒋主席合作,以建设独立、自由、富强的新中国,彻底实行孙中山先生的三民主义。

(九)问:A. 你的行动和决定将影响到华北多少共产党员?B. 他们有多少是武装起来的?C. 中共党员还在些什么地方活动?

答:共产党员的行动方针,决定于党的中央委员会。中共现在有一百二十余万党员,在它领导下获得民主生活的人民现已远超过一万万。这些人民,按照自愿的原则,组织了现在数达一百二十万人以上的军队和二百二十万人以上的民兵，他们除分布于华北各省与西北的陕甘宁边区外，还分布于江苏、安徽、浙江、福建、河南、湖北、湖南、广东各省。中共的党员，则分布于全国各省。

（十）问：中共对“自由民主的中国”的概念及界说为何？

答：“自由民主的中国”将是这样一个国家，它的各级政府直至中央政府都由普遍、平等、无记名的选举所产生，并向选举它的人民负责。它将实现孙中山先生的三民主义，林肯〔4〕的民有、民治、民享的原则与罗斯福的四大自由〔5〕。它将保证国家的独立、团结、统一及与各民主强国的合作。

（十一）问：在各党派的联合政府中，中共的建设方针及恢复方针如何？

答：除了军事与政治的民主改革外，中共将向政府提议，实行一个经济及文化建设纲领。这纲领的目的，主要是减轻人民负担，改善人民生活，实行土地改革与工业化，奖励私人企业（除了那些带有垄断性质的部门应由民主政府国营外），在平等互利的原则下欢迎外人投资与发展国际贸易，推广群众教育，消灭文盲等等。这一切也都是与孙中山先生的遗教相符的。

（十二）问：你赞成军队国家化，废止私人拥有军队吗？

答：我们完全赞成军队国家化与废止私人拥有军队，这两件事的共同前提就是国家民主化。通常所说的“共产党军队”，按其实际乃是中国人民在战争中自愿组织起来而仅仅服务于保卫祖国的军队，这是一种新型的军队，与过去中国一切属于个人的旧式军队完全不同。它的民主性质为中国军队之真正国家化提供了可贵的经验，足为中国其他军队改进的参考。

根据一九四五年九月二十七日
《新华日报》刊印。

## 注　　释

〔1〕这是毛泽东对英国路透社驻重庆记者甘贝尔书面提出的十二个问题的答复。

〔2〕指一九四五年八月二十五日发表的《中共中央对目前时局的宣言》。

〔3〕中苏条约，指中国国民党政府同苏联政府一九四五年八月十四日在莫斯科签订的《中苏友好同盟条约》。

〔4〕林肯（一八〇九——一八六五），曾任美国总统。

〔5〕指美国总统罗斯福（一八八二——一九四五）在第二次世界大战期间提出的“言论和表达的自由”、“信仰上帝的自由”、“免于匮乏的自由”、“免于恐惧的自由”。

# 给柳亚子[1]的信

（一九四五年十月四日、七日）

## 一

亚子先生吾兄道席：

诗及大示诵悉，深感勤勤恳恳诲人不倦之意。柳夫人[2]清恙有起色否？处此严重情况，只有亲属能理解其痛苦，因而引起自己的痛苦，自非“气短”之说所可解释。时局方面，承询各项，目前均未至具体解决时期。报上云云，大都不足置信。前曾奉告二语：前途是光明的，道路是曲折的。吾辈多从曲折（即困难）二字着想，庶几反映了现实，免至失望时发生许多苦恼。而困难之克服，决不是那么容易的事情。此点深望先生引为同调。有些可谈的，容后面告，此处不复一一。先生诗慨当以慷，卑视陆游、陈亮[3]，读之使人感发兴起。可惜我只能读，不能做。但是万千读者中多我一个读者，也不算辱没先生，我又引以自豪了。敬颂

兴居安吉！

毛　泽　东

十月四日

## 二

亚子先生吾兄道席：

迭示均悉。最后一信慨乎言之，感念最深。赤膊上阵，有时可行，作为经常办法则有缺点，先生业已了如指掌。目前发表文章、谈话，仍嫌过早。人选种种均谈不到，置之脑后为佳。初到陕北看见大雪时，填过一首词〔4〕，似于先生诗格略近，录呈审正。敬颂

道安！

毛　泽　东

十月七日

根据人民出版社一九八三年出版的《毛泽东书信选集》刊印。

## 注　释

〔1〕柳亚子（一八八七——一九五八），江苏吴江人，民主主义者、诗人。当时是三民主义同志联合会负责人。

〔2〕柳夫人，即郑佩宜（一八八八——一九六二），江苏吴江人。当时正患盲肠炎，在重庆市立医院作手术治疗。

〔3〕陆游（一一二五——一二一〇），越州山阴（今浙江绍兴）人，南宋诗人。陈亮（一一四三——一一九四），婺州永康（今属浙江）人，南宋思想家、文学家。

〔4〕指毛泽东一九三六年二月写的《沁园春·雪》。

# 中国只能走和平一条路[1]

（一九四五年十月八日）

这次来渝，首先感谢蒋[2]先生的邀请与四十多天的很好的招待，感谢今晚的主人张文白[3]先生设了这样盛大的宴会，也感谢所有今天到会的各界人士。

这次商谈，全国的人民、全世界的友人与各同盟国的政府都很关心，因为商谈不是仅仅关于两党，而是与全国人民的利害有关的问题。商谈的情况如张先生所说，是可以乐观的。在东、西法西斯打倒以后，世界是光明的世界，中国是光明的中国。近三十年间，世界经历了两次大战，第二次大战的性质与第一次不同，在这次战争中，世界与中国都有了迅速的进步。现在的商谈的目的，是要实现和平建国。中国今天只有一条路，就是和，和为贵，其他的一切打算都是错的。商谈是在友好空气中进行，没有得到协议的问题，相约继续由商量来解决，而不用其他的方法解决。和平、民主、团结，在和平、民主、团结的基础上实现统一，这个方针，符合于全国人民的要求，也符合全世界人士与同盟国政府的要求。和平与合作应该是长期的。大家一条心，不作别的打算，作长期合作的计划。全国人民、各党各派一致努力几十年，在蒋主席的领导下，彻底实现三民主义，建设独立、自由、富强的新中国！

不能否认，困难是有的，不指出这一点是不好的。中国人民的面前现在有困难，将来还会有很多困难，但是中国人民不怕困难，国共两党与各党各派团结一致不怕困难，不管困难有多大，在和平、民主、团结统一的方针下，在蒋主席领导下，彻底实现三民主义的方针下，一切困难都是可以克服的。

根据一九四五年十月九日
《新华日报》刊印。

## 注　　释

〔1〕这是毛泽东离开重庆前在张治中举行的欢送宴会上的演说。
〔2〕蒋，指蒋介石。
〔3〕张文白，即张治中，字文白，当时任国民党政府军事委员会政治部部长。

# 夺取平绥战役[1]的胜利意义重大

（一九四五年十月十六日）

晋察冀、晋绥两局诸同志并告东北及晋冀鲁豫两局：

即将开始的平绥战役，关系我党在北方的地位及争取全国和平局面，极为重大。蒋介石令傅作义[2]集结五万余人于归绥、集宁、大同之线，一俟陆运、空运、海运兵力集中北平、天津、秦皇岛等地，即将配合傅部进攻张垣[3]，并进攻沈阳、承德。而绥远[4]之毕克齐、归绥、武川、集宁、丰镇、陶林[5]、凉城、清水河等地或为我原有之解放区，或为我不久前所收复，均被傅部在日寇援助下，协同伪军王英、李守信[6]等所强占，并曾进占我兴和、尚义，迫近张垣。现兴和、尚义虽被我收复，其余各地仍在顽伪手中，并积极准备攻击张垣，企图切断我东北、华北、西北之通路。故此次平绥战役，系为收复失地打开交通路而战，具有充分之理由，望鼓励士气，坚决、彻底、干净、全部地消灭反共反人民之顽伪军，完成你们的神圣任务。至平绥战役胜利后，主力应迅速准备转移冀东、平西地区，执行严重的新任务。而以必要数量之得力部队，由大同南下，肃清阎[7]逆势力，直至太原附近，再依情势，考虑夺取太原问题。因阎逆不但长期勾结日寇，近更大举进攻我上党解放区，虽受到我上党战役〔8〕的严重打击，歼灭其主力三万余人，但其残部尚有六万以上，阎逆并丧心病狂，组织日寇数千人准备进攻自己的同胞，因此在不妨碍速援东北条件下，尽可能彻底歼灭阎逆残余，是完全必要与有理由的。

中　央
西铣

根据毛泽东手稿刊印。

## 注　　释

〔1〕平绥战役，也称绥远战役。日本投降后，驻绥远西部的国民党第十二战区司令长官傅作义调集所辖主力和收编的伪军共六万余人，进占被八路军包围的归绥（今呼和浩特市）和已被解放的武川、陶林、丰镇、集宁、兴和等城镇，企图夺占张家口，控制北平至归绥的铁路。一九四五年十月十八日，晋察冀军区和晋绥军区的部队对进犯的国民党军发起攻击，解放凉城、陶林、集宁等地，后围攻归绥、包头未克，于十二月中旬结束战役，共歼灭国民党军一万二千余人。

〔2〕傅作义（一八九五——一九七四），山西临猗人。当时任国民党军第十二战区司令长官。

〔3〕张垣，即张家口市。

〔4〕绥远，即绥远省，见本卷第17页注〔3〕。

〔5〕陶林，即陶林县，一九五四年撤销，辖区划归内蒙古自治区察哈尔右翼后旗和察哈尔右翼中旗。

〔6〕王英（一八九四——一九五〇），河北邢台人，原任伪绥西联军司令，抗日战争结束后所部被傅作义第十二战区收编，任暂编骑兵第十一集团军总司令。李守信（一八九二——一九七〇），内蒙古卓索图盟土默特右旗（今属包头市）人，原任伪蒙古军总司令，抗日战争结束后，被蒋介石任命为东北民众自卫军总司令。

〔7〕阎，指阎锡山（一八八三——一九六〇），山西五台县河边村（今属定襄）人。当时任国民党军第二战区司令长官。

〔8〕一九四五年八月中旬，国民党军阎锡山部集中十三个师的兵力，在日伪军配合下，侵入晋东南解放区的襄垣、屯留、长治、潞城等地。九月十日至十月十二日，晋冀鲁豫解放区军民展开自卫反击，共歼灭国民党军十一个师及一个挺进纵队三万五千余人，俘军长史泽波和师长多名。因山西东南部以长治为中心的地区古属上党郡，故这次战役称上党战役。

# 集中太行与冀鲁豫全力争取平汉战役[1]的胜利

（一九四五年十月十七日、二十七日、二十九日）

## 一

晋冀鲁豫中央局诸同志：

在你们领导之下打了一个胜利的上党战役[2]，使得我军有可能争取下一次相等的或更大的胜利。在你们领导下的一切力量，除以太岳全力展开同蒲路的作战争取应有胜利外，必须集中太行与冀鲁豫全力争取平汉战役的胜利。即将到来的新的平汉战役，是为着反对国民党主要力量的进攻，为着争取和平局面的实现。这个战役的胜负，关系全局极为重大。你们须准备以一个半月以上的时间，在连续多次的战斗中，争取歼灭八万顽军的一半左右或较多的力量，方能解决问题。望利用上党战役的经验，动员太行、冀鲁豫两区全力，由刘邓[3]亲临指挥，精密组织各个战斗，取得第二个上党战役的胜利。八万顽军中有几个军具有颇强的战斗力，不可轻视。但顽军新到，地理民情不熟，系统不一，补充困难，急于求胜，又有轻视我军的心理，使我有隙可乘。务望鼓励军民，团结一致，不失时机，以上党战役的精神，争取平汉战役的胜利。

中　央

酉篠

## 二

刘、邓、薄、张、李〔4〕：

酉宥电〔5〕悉。部署甚当，俟后续到齐，养精蓄锐，那时敌必饥疲，弱点暴露，我集中主力寻求弱点，歼灭其一两个师，敌气必挫。石家庄胡部〔6〕酉宥致胡〔7〕电，着一个师配合侯如墉〔8〕向高邑推进，接应安阳北上部队。其战力亦不如当面之敌，可用地方部队迟滞其行动。石家庄、新乡两处之顽共八个师，你们当面之顽共六个师，总计不过十四个师。在你们歼当面之顽一两个师时，可能引起南北增援，你们须准备在连续多次战斗中总共歼灭四五个师，即能转变局势。绥远〔9〕方面，聂、贺〔10〕两军五万余，十八日打起，敌甚顽强，开始仅歼灭一个团，击溃一骑兵师一步兵师及若干杂部，苦战一星期，占领丰镇、凉城，至二十四日攻克集宁，局势即起变化。何文鼎〔11〕二十六师（蒋系）被我歼灭于卓资山，傅作义〔12〕主力百〇一师、三十二师西窜，我正向归绥〔13〕追击中。鄂豫方面，我五师野战纵队业已组成，占领桐柏，与王戴、王震〔14〕会合，已令其放手行动，配合你们作战。望你们注意动员人民参战，对敌坚壁清野，集中一切可能力量战胜当面之敌。粮食筹划，须作持久打算。

军　委

酉感

# 三

刘、邓：

十六军三个师南援，进至高邑后，估计将以一个师位于临城、柏乡、高邑各点，掩护后路及侧翼，两个师向南推进。如我以地方兵团及民兵地雷战作有力之打击，使彼误认为我有主力部队在该地区，必能迟滞多日不敢放手前进，我则争取时间歼灭当面之敌，然后再歼援敌，仍甚有利。你们当面六个师，再增十六军两个师，共计不过八个师，只要我取各个歼灭政策，集中绝对优势兵力一次歼灭一个师，则在两三次作战歼灭两三个师之后，整个局势必起变化。

军　委

二十九日

根据毛泽东手稿刊印。

## 注　　释

〔1〕平汉战役，也称邯郸战役。一九四五年十月，自新乡沿平汉铁路北进的国民党军向晋冀鲁豫解放区中心城市邯郸进犯，企图迅速打通平汉铁路。十月二十四日晋冀鲁豫军区主力在邯郸以南包围国民党军第三十军、第四十军和新八军。

三十日，国民党军第十一战区副司令长官兼新八军军长高树勋率该军及河北民军约万人起义。战役至十一月二日结束，共歼灭国民党军两万余人，俘第十一战区副司令长官兼第四十军军长马法五。

〔2〕上党战役，见本卷第35页注〔8〕。

〔3〕刘，指刘伯承（一八九二——一九八六），四川开县人，当时任晋冀鲁豫军区司令员。邓，指邓小平，一九〇四年生，四川广安人，当时任晋冀鲁豫军区政治委员。

〔4〕薄，指薄一波，一九〇八年生，山西定襄人，当时任晋冀鲁豫军区第一副政治委员。张，指张际春（一九〇〇——一九六八），湖南宜章人，当时任晋冀鲁豫军区第二副政治委员兼政治部主任。李，指李达（一九〇五——一九九四），陕西眉县人，当时任晋冀鲁豫军区参谋长。

〔5〕指刘伯承、邓小平、薄一波、张际春、李达一九四五年十月二十六日给中共中央军委的电报。

〔6〕胡部，指当时进至石家庄的国民党军胡宗南部第三军和第十六军。

〔7〕胡，指胡宗南，当时任国民党军第一战区司令长官。

〔8〕侯如墉，当时任国民党军第一战区先遣军总司令。

〔9〕绥远，即绥远省，见本卷第17页注〔3〕。

〔10〕聂，指聂荣臻（一八九九——一九九二），四川江津人，当时任晋察冀军区司令员兼政治委员。贺，指贺龙（一八九六——一九六九），湖南桑植人，当时任晋绥野战军司令员。

〔11〕何文鼎，当时任国民党军第六十七军军长。

〔12〕傅作义，当时任国民党军第十二战区司令长官。

〔13〕归绥，今呼和浩特市。

〔14〕王，指王树声（一九〇五——一九七四），湖北麻城人，当时任河南军区司令员。戴，指戴季英，一九〇七年生，湖北黄安（今红安）人，当时任河南军区政治委员。王震（一九〇八——一九九三），湖南浏阳人，当时任八路军南下支队司令员。

# 目前时局及今后六个月的任务

（一九四五年十月二十日）

各中央局并转各区党委、各兵团首长：

目前开始的六个月左右期间，是为抗日阶段转变至和平建设阶段的过渡期间。今后六个月的斗争，是我们在将来整个和平阶段中的政治地位的决定关键。在这一期间内，我党在国民党统治区域（例如重庆、上海、北平）内的任务，是扩大民族民主的统一战线工作，与广大友好的及可能争取的中外人士合作，组织广大群众，发动要求民主、惩治汉奸、挽救经济恐慌、救济失业人民与援助还乡人民等项运动，并与政府当局继续谈判尚待解决的问题。我党在解放区的中心任务，是集中一切力量反对顽军的进攻及尽量扩大解放区。为此目的，除移动大量军队与干部去东北及热河〔1〕等地，并在那里组织人民，扩大军队，阻止与粉碎顽军侵入外，在一切解放区，是组织强大的野战军，有计划地歼灭向我进攻的顽军，歼灭得愈多愈干净愈彻底愈好。这是自卫的战争，我们具有充分的理由，站在有理有利的地位。解放区的一切工作，都应为这一中心任务而服务，其中实现新区域的减租减息，肃清汉奸分子，建立民主政府，推行瓦解伪顽的政治工作，特别是组织明年全体解放区人民的生产运动，保证各解放区军民的粮食、被服及日用品的供给，关系于争取胜利特别重大。和过去几个月一样，今后六个月中，是全党工作特别紧张时期，希望各地领导同志及中心骨干善于掌握自己的工作。在过去几个月中，我党已取得了伟大的胜利，但最后结果如何，要看我们今后六个月的努力。估计到顽方和我争夺华北、东北虽有其便利条件（美国人、日本人及伪军的援助），但有其不便利条件（地区太广，兵力不敷分配，地理人情不熟，孤军深入，脱离群众，补充困难，系统不一等），只要我党有明确的方针与坚决的努力，战胜与大量歼灭向华北、东北进攻的顽军，争取我党我军在华北、东北的有利地位，迫使顽方不得不承认此种地位，然后两党妥协下来，转到和平发展的新时期，这是完全必要与完全可能的。和平、民主、团结、统一，这是我党既定方针，也是国民党被迫不得不走的道路，这在双十重庆协定〔2〕上已经规定下来。但国民党力图在最近几个月内控制更多地方，力求他们在华北、东北占优势，力图削弱我党我军，以便在有利于他们的条件下实现和平妥协，故在目前过渡阶段上发生了大规模的猛烈的军事斗争（不能把目前这种大规模的军事斗争误认为内战阶段已经到来）。这一不可避免与已经到来的当前形势，我党必须认识清楚，必须坚持又团结又斗争，以斗争之手段达到团结之目的这一方针，毫不动摇地争取目前斗争的胜利，以便有利地转到和平发展的新阶段。目前斗争的胜利愈伟大，和平实现的时间将愈迅速，愈对全中国人民有利。因此各解放区应以多年来组织起来的力量，并继续迅速组织我们的力量，全部使用到今后六个月的斗争中去，争取这一斗争的伟大胜利。因为这是中国新的历史阶段中一个有决定意义的战斗。

中　央

酉号

根据中央档案馆保存的抄件刊印。

## 注　释

〔1〕热河，即热河省，见本卷第10页注〔3〕。

〔2〕指国共双方代表一九四五年十月十日在重庆签订的会谈纪要，又称“双十协定”，全文十二条。在这个纪要中，国民党表面上不得不同意中国共产党提出的和平建国的基本方针，承认“以和平、民主、团结、统一为基础”，“长期合作，坚决避免内战，建设独立、自由和富强的新中国”，“政治民主化、军队国家化及党派平等合法，为达到和平建国必由之途径”；也不得不同意迅速结束国民党的训政，召开政治协商会议，“保证人民享受一切民主国家人民在平时应享受的身体、信仰、言论、出版、集会、结社之自由，现行法令当依此原则，分别予以废止或修正”，取消特务机关，“严禁司法和警察以外机关有拘捕、审讯和处罚人民之权”，“释放政治犯”，“积极推行地方自治，实行由下而上的普选”等。同时，国民党却拒绝承认人民军队和解放区民主政权的合法地位，并企图在“统一军令”和“统一政令”的借口下，根本取消中国共产党领导下的人民军队和解放区，以致无法就这个问题达成协议。纪要公布后不久，国民党即撕毁协议，向解放区发动进攻。

# 在山东华中打几个好的歼灭战

（一九四五年十月二十二日）

张饶赖〔1〕，并告罗李，陈黎〔2〕：

（一）接陈黎留〔3〕电，我山东第八师占领邹县，控制铁路四十余里，歼灭顽伪二千余，并准备歼灭续进之顽。此外，我山东第三第四两师占领大汶口，控制铁路二十里。

（二）希望我新四野战军在蚌埠、徐州间扩展铁路占领区，集中主力歼灭顽军。

（三）只要我控制铁路一段，顽方是一定要进攻的，战斗将愈打愈大。因此我军第一，必须将占领地段向南北扩展，创造出利于打运动战的战场；第二，必须集中强大的野战军，山东、华中各须有一个至少三万五千至四万人的野战军，并须计算到连续战斗后的补充，动员民兵助战，地方党、政亲自动手，协助作战，我山东、华中均须以连续战斗各歼灭四万至五万顽军为目标；第三，为了集中歼灭顽军之目的，山东、华中两地只应该各有一个主要作战方向，其他都是辅助作战方向，不要分散兵力。

（四）山西上党战役〔4〕我以三万一千主力，五万助战民兵，四十天时间，连续举行几个战斗，结果阎〔5〕顽三万八千人，除逃去四千余外，被歼三万三千余人，缴获山积，可为范例。现刘邓〔6〕集中六万野战军，准备歼灭新乡北进八万顽军至少四万左右，聂贺〔7〕集中五万野战军正在歼灭绥〔8〕东顽军五万之大部或全部。如你们能在山东、华中打几个好的歼灭战，则对整个局势将起大影响。

军　委

酉养

根据毛泽东手稿刊印。

## 注　　释

〔1〕张饶赖，指张云逸、饶漱石、赖传珠，当时分别任新四军副军长、政治委员和参谋长。

〔2〕罗，指罗荣桓（一九〇二——一九六三），湖南衡山人，原任八路军山东军区司令员兼政治委员，这时准备赴东北工作。李，指李作鹏，一九一四年生，江西吉安人，原任八路军山东军区参谋处长，这时准备赴东北工作。陈，指陈毅（一九〇一——一九七二），四川乐至人，当时任新四军军长兼山东军区司令员。黎玉（一九〇六——一九八六），山西崞县（今原平）人，当时任山东军区副政治委员。

〔3〕哿，即二十日。

〔4〕上党战役，见本卷第35页注〔8〕。

〔5〕阎，指阎锡山，当时任国民党军第二战区司令长官。

〔6〕刘邓，指刘伯承、邓小平，当时分别任晋冀鲁豫军区司令员和政治委员。

〔7〕聂，指聂荣臻，当时任晋察冀军区司令员兼政治委员。贺，指贺龙，当时任晋绥野战军司令员。

〔8〕绥，指绥远，见本卷第17页注〔3〕。

# 在桐柏山区域创造战场

（一九四五年十月二十二日）

郑、李〔1〕：

（一）你们须准备至少六个月内在豫鄂活动，三部〔2〕会师后，集中强大野战军打几个大胜仗，方能有助于整个局势，也方能转变你们自己的局势。（二）目前你们野战军会合王戴、二王〔3〕，以夺取桐柏山区域最为适宜，不可过早向其他区域去，反而增加你们的困难，且于大局不利。东面之豫东南（大别山）、豫东北（新黄河〔4〕），西面之豫西（伏牛山）、鄂西北，只能作几个月后之预备机动地区，不宜提在目前的计划上。（三）只要打胜仗，财政就有办法，几个胜仗之后，占领大块地区（至少七八个县），不怕不能解决财政问题，各解放区军队都是如此解决，你们自亦能解决。目前你们即应有坚定决心在桐柏山区域（铁路以西，南阳以东，叶县以南，随、枣〔5〕以北）创造战场，歼灭顽军，解决财政。这本是你们原定计划，希望坚决执行。

中　央

酉养

根据毛泽东手稿刊印。

## 注　释

〔1〕郑，指郑位三（一九〇二——一九七五），湖北黄安（今红安）人，当时任中共中央鄂豫皖局代理书记。李，指李先念，当时任中共中央鄂豫皖局委员、新四军第五师师长兼政治委员。

〔2〕三部，指八路军河南军区部队、八路军第三五九旅主力（即南下支队）和新四军第五师。

〔3〕王戴，指王树声、戴季英，当时分别任河南军区司令员和政治委员。二王，指王震、王首道。王震，当时任八路军南下支队司令员。王首道，一九〇六年生，湖南浏阳人，当时任八路军南下支队政治委员。

〔4〕一九三八年六月九日，蒋介石命令国民党军队炸开河南郑州以北的花园口黄河大堤，企图以黄河洪水阻止日军进犯，致使黄河改道向东南流入贾鲁河再流入颍河，在安徽正阳关一带注入淮河。一九四〇年，改道的黄河又流入涡河、西淝河、茨河、北淝河，并分别注入淮河。黄河改道后流经的这些河道统称新黄河。一九四七年花园口决口修复，黄河复归故道。

〔5〕随、枣，指湖北随县（今随州）和枣阳。

# 在抗大七分校的讲话

（一九四五年十月二十五日）

同志们：

抗大七分校的学员同志都是从边区、从华北来的，在各地做过工作，有许多人还打过仗，在抗日中有功劳。你们到七分校来学习已经很久了，现在就要到前方去了，所以我们在这里开大会欢迎你们，又欢送你们。

大家知道，抗日战争已经结束了，但是日军大部分还没有缴枪，伪军有几十万也没有缴枪，还有许多日伪军在打我们。我们的解放区，华北、华中、东北、陕甘宁边区，已经有一万万五千万人口，有一百三十万军队、二百五十万以上的民兵。现在国民党顽固派也要打我们，在八年抗战中他们躲在后方，仗打得很少，有很多军队根本没有打过仗，日本投降了，他们出来了，还要吃掉我们的解放区，要打我们的八路军、新四军。

这次我到重庆，见了蒋介石，我们的代表和他们的代表谈了四十多天，谈出了一点东西。有两条，第一条中国要和平，第二条中国要民主，我们提出来，他们没有理由反对，只好赞成，在双十节签订了协定〔1〕。但同时他们又准备了很多军队进攻解放区，共有八十万，包围陕甘宁边区的还不算，要算进去就有一百万以上。已经打了好几仗，头几仗他们都没有争到面子。仗还要打下去,如果我们打赢了,可能会得到和平,那时候我们派代表同他说:“蒋委员长,我们从前谈判过,我们还是和平吧!”我们是不要打的,那时候就可能和平了。如果是他们打赢了,我们解放区就要变成黑暗的地方,我们的党校办不成了,七分校也办不成了,边区让他们占了,边区政府也没有了,减租减息也取消了。所以我们解放区的人民军队、政府、共产党要一致团结起来,把顽固派的进攻打垮,要坚决消灭他们。哪个敢来,就消灭他们,没有别的办法,只有这个办法。

最近打了两个胜仗〔2〕。第一仗是在太行山附近长治、长子那一带打的。阎锡山军队有三万八千人进攻我们,我们只有三万一千正规军,其他是民兵,有五万民兵帮助抬伤兵、搞运输,结果是消灭了他们三万五千人,只有三千人跑掉了,还缴了他们很多步枪、机关枪和大炮。第二仗是在绥远〔3〕打的。顽伪军有六万多人打我们,打到张家口附近。头一次,被我们打回去了,第二次他们打到集宁(平地泉)、丰镇、浑源,占了二百五十里铁路线,现在还在打。其余在平汉线、津浦线、河北、江苏、安徽各地,仗也开始打起来了。这些仗我们是有把握打胜的,因为广大地方在我们手中,人民拥护我们,地方部队、游击队已发展成为野战军。一个地方有几万、十几万野战军,又有几十万民兵,就能很好对付他们了。

将来怎么样呢?将来总是要和平的。今后的几个月我们要做很多工作,要实行双十协定,要求实现和平,民主这一条也要实行。双十协定没有解决解放区问题,因为他们不愿承认解放区。几个月后,我们还要要求他们承认解放区,不承认是不行的,这是中国的大势。这就是共产党、八路军的任务,解放区人民的任务。

讲到人民，我在大后方见到很多人，他们都非常热心，愿意帮助我们，赞成我们解放区。我又见到许多外国人，比如美国人，他们政府的政策是不好的、反共的，可是他们的飞行员、士兵很友好，一群群地来找我，一定要送点东西给我。我在重庆也见到了英国人、法国人，他们中间有一部分不好，多数还是好的，他们的政府是不好的，和美国一样。所以我们要学会分析，少数人不好，多数人是好的。我们在全中国和全世界是有朋友的，我们不是孤立的。

你们上前方是很好的。去前方，希望你们注意，我们总的任务是为全国和平奋斗，把敢于进攻我们的反动派打垮，要取得和平，这是第一条。

第二条是希望你们扩大自己的队伍，巩固自己的队伍。官长一定要注意自己的态度，要像朋友、同志、兄弟一样地对待战士们。你们当了官长，就要采取这样的态度，不要学国民党军队官长对弟兄们不好。因为我们都是站在一条线上为人民服务，都准备牺牲性命为全国人民谋利益，为什么要对战士不好呢？一定要好。今后，无论你们到哪一个部队，一定要把官兵关系搞好。你们对战士好，战士一定会以很好的态度对待你们，这样的队伍，是什么敌人也打不散的。我们党中央也是一样，我们党内要有民主，就是对同志要有同志的、朋友的、兄弟的、姐妹的态度。全党团结一致，一百多万党员团结一致，什么敌人我们也不怕。

第三条是要和老百姓搞好关系。我们的队伍不论到什么地方，都要关心老百姓，解决他们的困难。我们每到一个地方，吃东西、住房子、穿衣服，都要靠老百姓帮助解决，如果关系搞不好，得不到老百姓的帮助，就没有办法打仗了。我们一定要把军民关系搞好，但有许多地方还没有搞好。当然总的说起来，我们八路军、新四军对老百姓是好的。你们七分校也是好的。你们七分校在陕甘宁边区也搞生产，不搞生产人民负担就太重了。现在华北、东北等许多地方打起来了，我们更要注意把军民关系搞好。关于这个问题，过去每出去一批人，我们就讲一次，现在你们出去我们又讲，你们到了前方也要去讲。所有我们的军队都要和人民团结起来。

你们学得不少了，我就讲这几条。有了这几条，也就是坚决反对反动派的进攻，为全国和平而奋斗，改善官兵关系，全体人民和全体军队团结起来，中国的事情就好解决了。中国的事情，要靠中国共产党、八路军新四军和老百姓来办。我们有决心、有办法实行和平，实行民主，实行团结，实行统一。和平、民主、团结是我们党已经定下来的方针，我们要为这个方针而奋斗。中央同你们做的工作是一样的，我和朱总司令做的工作同你们也是一样的，我们除了解放中国人民以外，没有别的工作。同志们！团结起来，大家一条心，为中国人民的解放而奋斗。

根据中央档案馆保存的讲话记录稿刊印。

## 注　释

〔1〕即“双十协定”。见本卷第42页注〔2〕。

〔2〕指一九四五年九月十日至十月十二日进行的上党战役和一九四五年十月十八日开始、当时正在进行的绥远战役。参见本卷第35页注〔8〕和第34页注〔1〕。

〔3〕绥远，即绥远省，见本卷第17页注〔3〕。

# 同国民党谈判的补充意见[1]

（一九四五年十月二十九日）

甲乙二十九致丙丁：

（一）同意宥电[2]所述办法。

（二）除平、津、青[3]外，八条铁路（加上热河[4]路、沧石路、白晋路、道清路[5]为十二条）不得驻国民党军队，平、津、青八路须驻一部。

（三）立即停止内战，撤退各区进攻军队。

（四）东北、华北、苏北、皖北及边区实行孙中山民选地方自治，不得委派人员。

（五）同时请向各界说明政府所谓和平民主都是骗人的，实际已经发动了全国规模的内战，双十协定[6]不过是废纸，政府急于要开政治会议之目的是强迫各党承认旧代表及筹备登极大典。

根据毛泽东手稿刊印。

## 注　释

〔1〕这是中共中央给在重庆的中共代表团的电报。

〔**2**〕指周恩来、王若飞一九四五年十月二十六日给中共中央的电报。电报说，为坚决避免内战，以实现和平建国基本方针，我们提议向国民党方面提出如下四项临时办法：(一)立即停止武力进攻。(二)国民党军队立即停止向解放区进兵。(三)恢复各铁路一般情形，铁路线上不得驻兵(城市不在内)。(四)国民党军队在八条铁路(平绥、同蒲、正太、陇海东段、平汉北段、津浦、胶济、北宁)上无运兵必要。

〔**3**〕青，指青岛。

〔**4**〕热河，见本卷第10页注〔3〕。

〔**5**〕白晋路，指当时从山西祁县的白圭至晋城的一条未完成的铁路，后已全部拆除。道清路，指从河南滑县道口镇至博爱县清化镇的铁路。

〔**6**〕双十协定，见本卷第42页注〔2〕。

# 晋察冀第二野战军十一月份必须完成三项任务

（一九四五年十月三十日）

聂[1]转萧、罗[2]及澜涛[3]，并告热河分委：

你们一面组织野战军，一面组织运输队，一面则要指挥冀察现成部队迅速肃清北平、古北口间铁路线上之伪军并控制该路（至少北面一段），发动群众，组织地方武装，准备野战战场。此项任务必须在十一月内争取先机完成之，否则将处于被动地位，不能巩固热河[4]，亦不能巩固张家口。故萧、罗下月一个月内必须完成三项任务，第一是组成野战军，第二是组织运输队赴承德接运武器弹药，第三是占领北平、古北口间铁路线，准备野战战场。以上三项任务，澜涛等领导后方工作的同志们须尽全力协助完成之。澜涛等同志的主要精力，今后须转向东方战线，西方战线则由聂、耿[5]独力处理之。澜涛电台速与延安联络勿误。关于歼灭石匣[6]、密云、怀柔地区之敌伪，发动该地区民众创造野战战场一项任务，热河分委负有由古北口向南竭力协助萧、罗之任务，该地区地方工作之管辖划归热河负责，免去过去三不管状态。

中 央

酉三十

根据毛泽东手稿刊印。

## 注 释

〔**1**〕聂，指聂荣臻，当时任晋察冀军区司令员兼政治委员。

〔**2**〕萧，指萧克，一九〇八年生，湖北嘉禾人，当时任晋察冀第二野战军司令员。罗瑞卿（一九〇六——一九七八），四川南充人，当时任晋察冀第二野战军政治委员。

〔**3**〕澜涛，即刘澜涛，一九一〇年生，陕西米脂人。当时任晋察冀军区副政治委员。

〔**4**〕热河，即热河省，见本卷第 10 页注〔3〕。

〔**5**〕聂，指聂荣臻。耿，指耿飚，一九〇九年生，湖南醴陵人，当时任晋察冀军区副参谋长。

〔**6**〕石匣，位于北京密云县北部，解放后修建密云水库时成为库区而消失。

# 准备在邹、滕[1]地区打大歼灭战

（一九四五年十月三十一日）

陈、黎[2]：

据息，临城[3]陈大庆[4]九十七军以护路为任务，若干天内似无强大后续力量。惟邹、滕地区蒋介石在所必争，必将增兵北进，我以主力位于该区，准备打大歼灭战是完全必要的。渤海军区在德州南北占领两段铁路，占领黄河涯、恩县[5]，歼灭一部敌伪，具有很大意义。望令该军区扩大铁路占领区，发动民众公私兼顾，掘毁路基，并集中注意于歼灭霍守义[6]十二军。该军似急于赴东北，决不应让其过去。为此目的，请考虑增加该方面兵力，并加强作战指导。

军　委

酉世

根据毛泽东手稿刊印。

## 注　　释

〔1〕邹、滕，指山东邹县和滕县。

〔2〕陈，指陈毅，当时任新四军军长兼山东军区司令员。黎，指黎玉，当时任山东军区副政治委员。

〔**3**〕临城，今山东枣庄市薛城。

〔**4**〕陈大庆（一九〇五——一九七三），江西崇义人。当时任国民党军第十九集团军总司令。

〔**5**〕恩县，一九五六年撤销，辖区分别划归山东平原、夏津和武城三县。

〔**6**〕霍守义，当时任国民党军第十二军军长。

# 华北东北等地须归人民自治[1]

（一九四五年十一月三日）

甲乙戌江致丙丁：

昨日电悉。目前形势于我有利，我必须达到下列目的：华北、东北、苏北、皖北及边区全部归人民自治（孙中山主张），仅平、津、青[2]三地可暂时驻一小部中央军，将来亦须退出。其他各地中央军已到者须退出，未到者停止前进；阎锡山、傅作义[3]须免职，民选各省省政府；华北、东北各设政治委员会统一管理各省，中央政府不得违背自治原则派遣官吏，已派者须取消。东北问题现在就应提出。华北各地敌伪受降全部归我，华北各路交通待敌伪缴械蒋军退出后，由民选的政治委员会负责恢复，目前不能恢复，这是由于敌军未缴械、伪军未歼灭与蒋军发动内战所致，这些问题解决后我方负责恢复，现在则绝对不可能。应公开承认破毁铁路是为受降、灭伪、制止内战绝对必要，毫无不好。又蒋军侵占各县须退出。请警告蒋方如华北各地受降不归我方，我方是绝对不答应的。东北由东北人民自治军保护治安，中央军不得开入，否则引起内战，由彼负责。

根据毛泽东手稿刊印。

## 注　　释

〔1〕这是中共中央给在重庆的中共代表团的电报。

〔2〕青，指青岛市。

〔3〕阎锡山，当时任国民党军第二战区司令长官。傅作义，当时任国民党军第十二战区司令长官。

# 我方发动反攻具有充分理由[1]

（一九四五年十一月三日）

甲乙戊江未致丙丁：

二日电悉。归绥[2]、包头、五原、临河必须攻下，时间至少半月，大同现只包围，待绥、包解决后方能解决。傅作义、阎锡山[3]发动内战，各以五万以上军队攻我解放区，我方发动反攻具有充分理由，如诬我方发动内战，我方将发表蒋介石酉皓致胡宗南电[4]及其他各项内战文件。国大代表必须重选，时间必须推迟至一年以后，否则我方坚决反对。政治会议开会办法、开会日期等项你们商定初稿，待你[5]回来讨论方能表示最后意见，出席代表要那时才能考虑。只要会议推迟，你尽可能在重庆拖延时间，不要回来。政治会议实际上是一对于各中间派的教育机关，使他们取得经验，问题是不会在那里解决的。又补充前电[6]一点，即平、津、青[7]三市应驻八路军，中央军只许暂时驻一小部，将来应退出。

根据毛泽东手稿刊印。

## 注　　释

〔1〕这是中共中央给在重庆的中共代表团的电报。

〔2〕归绥,今呼和浩特市。

〔3〕傅作义,当时任国民党军第十二战区司令长官。阎锡山,当时任国民党军第二战区司令长官。

〔4〕指一九四五年十月十九日蒋介石饬令胡宗南打内战,进行所谓"剿匪"的电报。电报说:"此次剿匪,为人民祸福之所关,建国成败之所系,务本以往作战精神,遵照中正所订《剿匪手本》,鼓励所部,努力进剿,迅速达成任务者,功在国家,必膺懋赏,其迟疑贻误者,当执法处置。希转饬所属剿匪部队,一体恪遵为要。"

〔5〕指周恩来。

〔6〕指中共中央同日给在重庆的中共代表团的另一电报,见本卷第57页。

〔7〕青,指青岛市。

# 对俘虏官兵的处理办法

（一九四五年十一月三日）

刘、邓、薄、张、李〔1〕：

戌江电悉。（一）对西北系军官加以优待是正确的，但不要放走。他们如愿意发表反对内战、主张和平的宣言及谈话，应鼓励之。（二）一切俘虏官兵照中央指示原则上均收留教育，反动者监视，均不放走，仅在必需时可考虑放走个别的人。（三）十分注意搜寻蒋介石的"剿匪"文件（如《剿匪手本》〔2〕等）并公开发表之，尤其注意勾结美国打内战的材料。

军　委

戌江亥

根据毛泽东手稿刊印。

## 注　释

〔1〕刘、邓、薄、张、李，指刘伯承、邓小平、薄一波、张际春、李达，当时分别任晋冀鲁豫军区司令员、政治委员、第一副政治委员、第二副政治委员兼政治部主任和参谋长。

〔2〕《剿匪手本》，是一九三三年蒋介石编的专门讲述进攻红军和革命根据地

的方法的一本小册子。一九四五年抗日战争结束以后，蒋介石重印这个小册子发给国民党军官，并下达密令打内战。

# 增兵东北之部署

（一九四五年十一月四日）

刘邓薄张李[1]并告聂萧刘罗[2]及罗李[3]：

关于调杨苏[4]纵队二万人及陈赓[5]纵队一万二千人去东北参加反对蒋[6]顽进攻，以利控制东北，建立百年大计之部署，你们如何处置请考虑电复。苏[7]方已许蒋方酉陷[8]在葫芦岛、营口登陆，戌文[9]进至锦州、海城线，戌号[10]进至沈阳，苏军则于戌有[11]撤完。现我军控制葫芦岛、营口，拒止蒋军登陆。王世杰[12]向苏大使交涉，劝告中共不要拒止，苏大使答此是中国人自己事，苏方不过问，故至今蒋军尚未登陆。可能迫使蒋军先在大沽、唐山、秦皇岛登陆，如此我可争取时间布置内线作战，决心保卫沈阳不让蒋军进占。一俟苏军撤退，我方即宣布东北人民自治。现已任林彪为东北人民自治军总司令，吕正操、肖劲光、李运昌、周保中（义勇军领袖）为第一、第二、第三、第四副司令，彭真、罗荣桓为第一、第二政治委员，程子华为副政委，统率东北全军，部署作战。东北各省政府及工业，半月内外我可接收完毕。李运昌最先入东北之五千人现已扩大至八万，分布南满[13]各地为地方部队，惟战斗力弱。我正规军入满[14]者至此刻止，计有五万左右，在路上半月内可到者约五万，共十万左右，为内线之主力。惟蒋介石决心争夺东北，前定派两个军，现见我势大，有加派三个军消息，我们估计至少派五个军十五个师（美械）十五万人，在此形势下，战争重心将转入东北，必有一场恶战。因此我方必须增调有力兵团参加作战。现决调杨苏纵队二万，陈赓纵队一万二千，赵尔陆〔15〕部一万二千，山东第二期四万，新四军二万，边区五千，共十万九千，十二月下半月到达热河〔16〕、辽宁、冀东交界地区，从外线夹击蒋军，一部尽可能进入内线。从晋冀鲁豫抽调三万二千人，对于你们执行继续打击蒋顽北上自感困难，但在你们两次大胜之后，组织两个新纵队代替抽调之兵力，仍有可能。如何？望复。

中 央

戌支

根据毛泽东手稿刊印。

## 注 释

〔1〕刘邓薄张李，指刘伯承、邓小平、薄一波、张际春、李达，当时分别任晋冀鲁豫军区司令员、政治委员、第一副政治委员、第二副政治委员兼政治部主任和参谋长。

〔2〕聂萧刘罗，指聂荣臻、萧克、刘澜涛、罗瑞卿，当时分别任晋察冀军区司令员兼政治委员、副司令员、副政治委员和副政治委员兼政治部主任。

〔3〕罗，指罗荣桓。李，指李作鹏，原任山东军区参谋处长，此时正随罗荣桓赴东北。

〔4〕杨，指杨得志（一九一一——一九九四），湖南株洲人，当时任晋冀鲁豫野战军第一纵队司令员。苏振华（一九一二——一九七九），湖南平江人，当时任晋冀鲁豫野战军第一纵队政治委员。

〔5〕陈赓(一九〇三——一九六一),湖南湘乡人。当时任晋冀鲁豫野战军第四纵队司令员。

〔6〕蒋,指蒋介石。

〔7〕苏,指苏联。

〔8〕酉陷,即十月三十日。

〔9〕戌文,即十一月十二日。

〔10〕戌号,即十一月二十日。

〔11〕戌有,即十一月二十五日。

〔12〕王世杰,当时任国民党政府外交部部长。

〔13〕南满,指中长路沈阳至大连段以东的安东(今丹东)、庄河、通化、临江、清原和沈阳西南的辽中等地区。

〔14〕满,指满洲,即中国东北地区。

〔15〕赵尔陆(一九〇五——一九六七),山西崞县(今原平)人。当时任冀晋军区司令员。

〔16〕热河,即热河省,见本卷第10页注〔3〕。

# 先解决受降、伪军、自治三大问题才能恢复交通〔1〕

（一九四五年十一月五日）

甲乙戌微致丙丁：

支电〔2〕悉。

（一）目前我在谈判中，在恢复交通问题上有几点提法已处于被动，必须考虑成熟，恢复主动；决定《解放日报》明日发表中共发言人谈话〔3〕，强调必须立即制止内战，必须先解决受降、伪军、自治三大问题，才能恢复交通，否则即是帮助内战；在受降问题上必须由解放区担任受降，其他军队撤回原防。

（二）邯郸战役〔4〕缴获大批文件证明政府有全盘反共内战计划，请你考虑可否借此转弯，采取强硬态度，不要撤回原提四点〔5〕，只说政府一面谈判，一面大举进攻，现并大举调兵，所谈尽是欺骗，我们不能信任；如欲取信，必须立即解决受降（包括撤兵驻防）、伪军、自治三大问题。

（三）不但我们在之交通线彼不得进，我们不在彼亦不得进，已进者须撤退，否则一定是内战。

（四）交通线上可以双方不驻兵，彼方已驻者须退返原防，不能让其驻在我解放区。

（五）双方军队撤离交通线后，应由解放区自治政府管理。

（六）不能同意组织交通考察团，应先解决受降（包括撤兵驻防）、伪军、自治三问题，亦即解决内战危险问题，由解放区负责恢复交通，目前则绝对不能恢复。

（七）不要急忙回答彼方所提六点，也不怕他们发表，实际上吴国桢〔6〕已于四日向合众社发表，此间今晚发表批评。

（八）同意东北问题暂缓提出。

（九）关于揭发内战及美军干涉两点，已令几个机关动员来做，材料可大增加。

（十）西安息，蒋〔7〕令胡宗南〔8〕立即去郑州，发动大举进攻，彼方一不做二不休，深堪注意。

根据毛泽东手稿刊印。

## 注　　释

〔1〕这是中共中央给在重庆的中共代表团的电报。

〔2〕指周恩来一九四五年十一月四日给中共中央的电报。

〔3〕即《国民党进攻的真相》（《毛泽东选集》第四卷，人民出版社 1991 年版，第 1167—1170 页）。

〔4〕邯郸战役，也称平汉战役，见本卷第 38 页注〔1〕。

〔5〕指周恩来、王若飞一九四五年十月二十六日在给中共中央的电报中提出的四项临时办法。见本卷第 52 页注〔2〕。

〔6〕吴国桢（一九〇三——一九八四），湖北建始人。当时任国民党中央宣传部部长。

〔7〕蒋，指蒋介石。

〔**8**〕胡宗南，当时任国民党军第一战区司令长官。

# 目前宣传与谈判的方针[1]

（一九四五年十一月七日、八日）

甲乙戌虞致丙丁：

美国政策深堪注意，友人[2]意见值得考虑。但在美蒋坚决进攻方针下，我们无法退让，只有自卫一法。东北方面，山海关三日已打响，第十五师在美军支持下由秦皇岛进攻，事先要求我军退出山海关及离开铁路线，当地我军没有接受，彼即攻击，被我击溃。沈阳得失，决于作战结果，如我能在本月内歼灭其首先进攻的两三个师，取得集结兵力、整训后备之时间（需要两个月），并在尔后能根本歼灭其进攻力量，则东北可能归于我有，那时让国民党插一只脚，很好讲话。目前可以不公开自治军及全盘自治的宣传与要求，但战争是不可避免的。如果作战不利，蒋[3]得沈阳、长春，则我方只能获得边境二等地方。即使如此，也要用战争才能解决，洮南、龙江、佳木斯等地也不是谈判可以获得的。中央军退出华北一点，谈判时可以提得恰当些，宣传与谈判可以有些不同，但华北问题的解决同样取决于作战。目前的谈判，彼方全为缓兵之计，并无诚意解决问题，彼方一切布置均为消灭我党。我方宣传弱点甚多，你提出的意见是很对的，应当采取“哀者”态度，应当照顾中间派，不要剑拔弩张，而要仁至义尽；但是总的情况，我处内线，彼处外线，我是防御，彼是进攻，再过一时期各方均会看得清楚。目前谈判方针在不束缚手足使将来不好说话的条件之下，可以保留伸缩余地。请你全盘考虑，写出一个详细条文，并加分析告我，以便研究成熟，再向彼方提出。

甲乙戌齐致丙丁：上电未发，接戌虞电[4]，我们意见完全一致，即照来电办理。今日新华社发表国民党军队百余万向我进攻的详细番号，当有利于揭破彼方之欺骗。

根据毛泽东手稿刊印。

## 注　　释

〔1〕这是中共中央给在重庆的中共代表团的电报。

〔2〕友人，指苏联方面。

〔3〕蒋，指蒋介石。

〔4〕指周恩来、王若飞一九四五年十一月七日给中共中央的电报。

# 把发动群众创造战场当作东北当前紧急战略任务[1]

（一九四五年十一月十日）

子丑戌灰致寅卯：

（一）戌鱼电[2]佳日[3]收到，有此结果甚慰。

（二）目前只争半个月，半个月内黄永胜、文年生[4]两部五千，梁兴初、黄克诚[5]两部四万多必能到沈阳、锦州线。望令山海关我军坚持半个月，即有办法。山东渡海部队须以主力集中营口、沈阳间，照林彪[6]办法部署作战。国民党美械师战力不强，我刘邓[7]已俘缴三个完全的美械师，望扩大宣传以振士气。

（三）沈阳步枪既不多，须保留一部装备后到部队，能送一部枪弹去热河[8]否？

（四）石家庄李正先[9]十六军三个师已开始北运，半个月内可能集中山海关附近，石觉[10]十三军由上海海运，估计本月中旬可到山海关附近，五十二军由安南[11]起运，估计本月底可到山海关，你们面前之敌只有这三个军约八万人，孤军深入，地理民情不熟，脱离群众，南方人怕冷，又多新兵，弱点甚多。

（五）十分注意控制长春等处机场，必须保证歼灭空运部队。

（六）迅速发动群众创造战场，向民众宣传蒋介石收复东北无功，抛弃东北有罪，造成民众反蒋热潮。派大批民运党务干部去沈阳、山海关线，沈阳、营口、安东〔12〕线，把发动民众创造战场当作当前紧急战略任务，千万注意。

根据毛泽东手稿刊印。

## 注　释

〔1〕这是中共中央给东北局的电报。

〔2〕戌鱼电，指中共中央东北局一九四五年十一月六日给中央的电报。

〔3〕佳日，即九日。

〔4〕黄永胜（一九一〇——一九八三），湖北咸宁人，当时任陕甘宁晋绥联防军教导第二旅旅长。文年生，当时任八路军游击第三支队司令员。

〔5〕梁兴初（一九一三——一九八五），江西吉安人，当时任山东军区第一师师长。黄克诚（一九〇二——一九八六），湖南永兴人，当时任新四军第三师师长兼政治委员。

〔6〕林彪（一九〇七——一九七一），湖北黄冈（今黄州市）人，当时任东北人民自治军总司令。

〔7〕刘邓，指刘伯承、邓小平，当时分别任晋冀鲁豫军区司令员和政治委员。

〔8〕热河，即热河省，见本卷第10页注〔3〕。

〔9〕李正先（一九〇四——一九八三），浙江磐安（今东阳）人，当时任国民党军第十六军军长。

〔10〕石觉（一九〇八——一九八六），广西桂林人，当时任国民党军第十三军军长。

〔11〕安南，即越南。

〔12〕安东，今丹东市。

# 抗战胜利三个月来的局势和今后若干工作方针[1]

（一九四五年十一月十二日）

最近时局发展很快，自从苏联出兵、日本投降后，三个月来有点手忙脚乱，国共两党加上美国都是如此。现在，我们的情况是列车上了轨道。过去的游击部队正组成强大的野战军。再就是又一个几千里的长征，派遣去东北的干部已在路上的就超过三万，彭真[2]来电说已收到三千人，不包括山东去的。我们组建的野战军，算上已经走的和部分正在走的有：聂荣臻[3]第一野战军原定七万人，现在不到七万；贺龙[4]三万人，现在也不到三万；刘伯承[5]七万；陈毅[6]七万；李先念[7]三万；粟裕[8]五万。关内这六大军区，加上东北一个军区（林彪[9]二十万），共七个大军区。六大军区三十二万野战军，东北算二十万，共五十二万，再过几个星期，组建工作大体可以完成。

派十九万军队去东北，这是有共产党以来第一次大规模的军事调动。已到九万，正在走的十万。已到李运昌[10]部一万、沙克[11]部二千、曹里怀[12]部二千、黄永胜[13]部四千、刘转连[14]部五千、杨国夫[15]部七千、梁兴初[16]部七千、萧华[17]部二万、万毅[18]部一万五千。黄克诚[19]部三万五千，几天后就出关。李运昌到得早，部队已扩大为十万。现在山海关正在打，已打了一星期。从时间上我们还能争取本月的最后十八天，因为本月底苏军就要撤走了[20]。黄克诚部如到锦州，这一线老兵就在六万以上。在葫芦岛、营口，国民党军今天还未登陆，可能不登了。仗只在山海关打，时间是完全有的。蒋介石准备空运部队，但美国不出飞行员，苏军不走也不能空运。两星期内我们如能在山海关坚持住，葫芦岛、营口国民党军队不登陆，争取到这两条，我们就有办法。沙克以满洲人民自卫军名义不许美国中将巴贝登陆，他们就没有登陆。最近两星期是一个关键。

我们控制东北的可能性在增长。国民党军在葫芦岛、营口没有登陆，按苏军是允许他们登陆的。国民党政府外交部长要求共军撤退，苏军说这是中国的事。以后他们也可能登不了，只有山海关还能坚持争。国民党的兵力尚未集中，平、津要守备，石家庄那里的五个师又手忙脚乱。他们利用空隙进入石家庄五个师、进入济南两个师，但现在都动不得。现在他们计划从北平运一个师到长春，但天津司令部说共军在那一带有十万兵力，不能运走。现在他们顶多可能运三个军。

东北的事情，我们只能做不能说。现在有一部分政权我们接收了，枪接收了十二万支，还有些炮，工厂也接收了一些。再有一两个星期，苏军撤走前，必须接收完。接收要有人有兵，现在真正在沈阳附近接收的不多，那方面很紧张，正在进行争夺战。现在差的是长春、哈尔滨，要有个把团，待苏军一走我们就接收。

我们正在调动十万兵力，罗荣桓〔21〕部四万，叶飞〔22〕部二万二千，谭政〔23〕带五千，杨得志〔24〕部二万二千，陈赓〔25〕部一万二千，共十万零一千人，准备夹击国民党军。现在用海运，每次六千人，三天一次，迄今没有遇到过危险。东北三千多万人口，我们去了这么多干部和兵，也差不多了。

在关内，可以说国民党军的三路进攻〔26〕已被我们打破了。今年八月，傅作义率部六万多人，沿平绥线东进，占领已被我们解放的城镇，来势很凶。晋察冀、晋绥两军区部队集结、整训约一个月后，第一个回击就把傅部打到了平地泉，以后一直打到归绥。昨天我们总攻归绥，计划一直打到五原、临河去〔27〕。现在傅的原计划是被打破了，我们即使不能取得归绥、包头，他要再进攻也困难了。在上党战役〔28〕中，阎锡山的主力被消灭了，将官被捉者二十七人。这一仗意义很大，我们已无后顾之忧。上党区是出兵出粮之地。平汉战役〔29〕打了十天，是这几仗中主要的一仗，使国民党几十万大军北进受阻了。现在潼关至徐州这一带有国民党军三十个师，因为这一仗，他们不能前进了，李先念的部队与苏北新四军也起了钳制作用。新四军调山东的只到了两个旅，就配合山东军区部队消灭了吴化文〔30〕部，过几天，再到四个旅，共十八个团，力量就更大了。在同蒲路，陈赓纵队攻占了洪洞、赵城。陈赓部调离太岳，因此太岳还要组织几个团注意防范胡宗南〔31〕。

蒋介石在重庆开会〔32〕，实际上是研究如何对付我们。目前国民党对付我们的兵力，最多有一百二十七个师（四十九个军），实际上广州新一师只能出个把团，南京的新六军只能向浦口睃一下，所以充其量也不过五十个军。现在我们已搞掉了他们九个军，只剩下四十个军了。目前他们要再增加兵力是困难的，除守备要点外，能够进行野战的不会超出一半，而我们的野战军大体已组成了。这一时期，我们缴获的枪支有二十万。

我们的方针，既要确定同蒋介石谈判，同时准备蒋一定要打。蒋采取两面策略，我们就学他，也实行两手。我们没有因谈判而影响军事行动，集中了军队，打了三个大仗〔33〕，东北也派去了干部。

总的来说，蒋一定攻，我坚决打。现在还不能说：我们已控制了东北，在华北占了优势。只有确实打下来了，才能说是我们的。到那时，我们才能提出东北自治的问题。控制了东北，是不是不允许国民党插足？可以允许的。但他们却决不允许我们插足，现在美蒋一定要把我们整下去，给我们压力很大，没有别的方法，只有打。谈判是要谈的。我们不成立中央政府，蒋介石下讨伐令，我们也只是要他收回成命。解放区人民代表会议也可以开。如他取消第十八集团军，我们朱彭〔34〕就搞解放军，我们还可以打电报要他收回成命，取消错误政策。也有一种可能是他不下讨伐令。

美国实际上在干涉中国内政，但也有弱点，必须声明不干涉。有消息说它要派二十万美军来，但没有得到证实，可能不致搞到这样。就是来二十万，分布在中国也相当稀薄，也弱得很。美国无产阶级声援我们，纽约举行示威是事实，周恩来同志已打电报去了。

蒋军的基本弱点有二：兵心不固、民心不归。还有弹药不济，粮食不足，打仗全靠火力，我们一个冲锋它就垮了，一个手榴弹可以缴它五挺机关枪。还有天时不利，蒋军中南方人多，去北方打仗冷得很。其中最主要的还是军心与民心。另外还有杂牌军叛变的可能，如孙良诚〔35〕可能过来，张岚峰〔36〕也有可能。此外还有刘汝明、曹福林、商震、冯治安〔37〕，再加三十八军〔38〕。高树勋〔39〕造成的影响很大，通电传得很广，现在已令各处庆祝。破路也成了宣传战，他们说我们破坏复员，我们说这是制止内战的手段之一。我们组织了破路司令部，公私兼顾，群众得到铁轨和枕木，积极得很。蒋军来势很凶，对我们压力很大，除抵抗以外，别无办法。我们不打肯定是被消灭，打顶多也是被消灭，为什么不打呢？我们打而胜之的可能性很大。

打下去是否会引起世界大战？我看不会。苏联在战后必须休养生息，它不愿再发生新的世界大战，要引起大战，除非有谁去进攻苏联。只要有现在的条件，苏联不帮助我们，我们也不怕。美国实际上是在干涉中国，但只要我们不断打胜仗，他也得考虑。第二次世界大战中，对苏联能取得胜利，很多人不相信。现在对我们能打胜，就更不相信了。白崇禧〔40〕的秘书说，白无论如何不相信他们打不胜。如果我们能坚持半年，蒋介石和美国都可能重新考虑问题。

解放区现在要搞生产与减租，新区要搞大的减租运动，彻底地普遍地搞。如果做到这一条，人民群众的元气是会恢复的。对地主的土地是不是要没收？七大的方针还是减租减息，要彻底减，把地主的威风打下去。

生产方面，明年要有组织地搞粮食和日用品。现在大兵团作战，消耗很大。搞工业生产，我们没有大城市，只有中等城市。

如果不彻底减租，群众的情绪不能提高，对生产也没有兴趣。现在要划分前方和后方，不要造成后方工作无人管。恐怕还要两个月，才能走上轨道。

在东北，经济工作是个很大的问题。什么本溪湖，什么抚顺，谁会搞？少奇[41]同志前面说了，谁会搞谁就搞。现在平绥线上开火车的，还不就是那些老人。东北工业占全国百分之八十，要把这百分之八十的工业搞起来，用日本技术人员是可以的。

根据中央档案馆保存的讲话记录稿刊印。

## 注　　释

〔1〕这是毛泽东在中共中央政治局扩大会议上的讲话。

〔2〕彭真，当时任中共中央东北局书记兼东北人民自治军第一政治委员。

〔3〕聂荣臻，当时任晋察冀军区司令员兼政治委员。

〔4〕贺龙，当时任晋绥军区司令员。

〔5〕刘伯承，当时任晋冀鲁豫军区司令员。

〔6〕陈毅，当时任新四军军长兼山东军区司令员。

〔7〕李先念，当时任中原军区司令员。

〔8〕粟裕，当时任华中野战军司令员。

〔9〕林彪，当时任东北人民自治军总司令。

〔10〕李运昌，一九〇八年生，河北乐亭人。当时任东北人民自治军第二副司令。

〔11〕沙克（一九〇七——一九九三），辽宁丹东人。当时任冀中军区参谋长。

〔12〕曹里怀，一九〇九年生，湖南兴宁（今资兴）人。当时任冀鲁豫军区参谋长。

〔13〕黄永胜，当时任陕甘宁晋绥联防军教导第二旅旅长。

〔14〕刘转连（一九一二——一九九二），湖南茶陵人。当时任八路军南下第二支队司令员。

〔15〕杨国夫（一九〇五——一九八二），安徽霍丘人。当时任山东军区第七师师长。

〔16〕梁兴初，当时任山东军区第一师师长。

〔17〕萧华（一九一六——一九八五），江西兴国人。当时任东满临时指挥部司令员兼政治委员。

〔18〕万毅，一九〇七年生，辽宁金县人。当时任滨海军区副司令员兼滨海支队支队长。

〔19〕黄克诚，当时任新四军第三师师长兼政治委员。

〔20〕苏联军队原计划于一九四五年十一月底撤离中国东北回国，后延期至一九四六年三月开始撤退，五月初全部撤完。

〔21〕罗荣桓，当时任东北人民自治军第二政治委员。

〔22〕叶飞，当时任新四军第一纵队司令员。叶飞及所部后因中共中央军委改变计划未去东北。

〔23〕谭政（一九〇七——一九八八），湖南湘乡人。当时任陕甘宁晋绥联防军副政治委员兼政治部主任。

〔24〕杨得志，当时任晋冀鲁豫野战军第一纵队司令员。杨得志及所部后因中共中央军委改变计划未去东北。

〔25〕陈赓，当时任晋冀鲁豫军区第四纵队司令员。陈赓及所部后因中共中央军委改变计划未去东北。

〔26〕指一九四五年八月中旬以后，国民党军队沿平绥、同蒲、平汉、津浦等铁路线，由西向东、由南向北分三路向华北解放区的推进和进攻。在西路，傅作义部四个军由绥西出动，在占领归绥（今呼和浩特市）、集宁等城市后，沿平绥路东进，逼近张家口；胡宗南部八个军由关中出潼关，主力沿陇海路东进，一部沿同蒲路北折，准备再沿正太路东进，夺取石家庄并进取北平、天津；阎锡山部七个军，以主力占据同蒲路沿线，一部侵入晋冀鲁豫人民军队所控制的晋东南长治地区。在中路，孙连仲部三个军，由豫西出郑州沿平汉路北进，准备打通平汉路，与胡宗南会合于石家庄。在东路，李品仙部两个军占据浦口、蚌埠，沿津浦路北进，准备与李延年部

四个军在徐州会合。国民党的意图是，迅速控制华北等战略要地和交通线，分割解放区，打开进入东北的通道，以强大的军事压力，迫使中共在谈判中屈服。

〔27〕这里讲的是绥远战役，见本卷第34页注〔1〕。

〔28〕上党战役，见本卷第35页注〔8〕。

〔29〕平汉战役，见本卷第38页注〔1〕。

〔30〕吴化文（一九〇四——一九六二），山东掖县人。当时任国民党军第五路军总司令。

〔31〕胡宗南，当时任国民党军第一战区司令长官。

〔32〕指一九四五年十一月九日至十六日蒋介石在重庆主持召开的国民党军事会议，会议作出在六个月内击溃共产党军队，然后实行分区“围剿”的部署。

〔33〕指上党战役、绥远战役和邯郸战役。

〔34〕朱，指朱德。彭，指彭德怀（一八九八——一九七四），湖南湘潭人，当时任第十八集团军副总司令、中共中央军委副主席兼总参谋长。

〔35〕孙良诚（一八九三——一九五一），河北静海（今属天津市）人。当时任国民党军第二路军总指挥。

〔36〕张岚峰（一九〇二——一九五二），河南柘城人。当时任国民党军第三路军总司令。

〔37〕刘汝明（一八九五——一九七五），河北献县人，当时任国民党军第五战区副司令长官。曹福林（一八九一——一九六四），河北景州（今景县）人，当时任国民党军第二集团军副总司令兼第五十五军军长。商震（一八八七——一九七八），浙江绍兴人，当时任国民党政府参军长。冯治安（一八九六——一九五四），河北故城人，当时任国民党军第六战区副司令长官兼第三十三集团军总司令。

〔38〕指国民党军第三十八军。一九四六年五月，该军副军长孔从洲在河南巩县率部起义。

〔39〕高树勋（一八九八——一九七二），河北盐山人。原任国民党军第十一战区副司令长官兼新八军军长，一九四五年十月三十日率该军及河北民军约万人起义。参见本卷第38页注〔1〕。

〔40〕白崇禧（一八九三——一九六六），广西临桂（今桂林）人。当时任国民党军事委员会副参谋总长。

〔41〕少奇，即刘少奇。

# 以锦州地区为战略枢纽布置工作

（一九四五年十一月十四日）

冀热辽分局，并告东北局、晋察冀局及黄梁[1]：

以锦州为中心之地区为我主力集中作战之战略枢纽，冀热辽分局必须兼顾东南两面，除南面以粉碎从北平向承德进攻之蒋军为目标创造战场、布置工作前已电告外，望迅即派大批干部并有得力领导同志去朝阳建立领导中心，将干部分配于朝阳、凌源、阜新、绥中、兴城、锦西、锦州、义州各县，其任务为发动民众，镇压反动，组织民兵游击队及地方军，创造战场，援助锦州、山海关主力之作战，并为我军建立稳固后方，设立兵站线，供给粮食，收容伤病，输送干部，确保锦、朝铁路线于我手。在这一工作上，分局应接受东北局之指导意见。

中　央

戌寒

根据毛泽东手稿刊印。

## 注 释

〔1〕黄，指黄克诚，当时任新四军第三师师长兼政治委员。梁，指梁兴初，当时任山东军区第一师师长。

# 从内线作战着眼
# 分批歼灭国民党三个军

（一九四五年十一月十五日）

林、彭〔1〕：

十三日十九时电悉。顽十三军、五十二军正在秦皇岛、抚宁地区集中，估计其后续尚有一个军，至少集中三个军，然后向山海关、绥中之线攻击前进。目前山海关作战并非真面目战斗。我黄、梁〔2〕两部四万二千远道新到，官兵疲劳，地形不熟，目前开至义院口、驻操营，必无好仗可打，即使歼敌一部，不过战术胜利，而兵力暴露，不得休整，势将处于被动。为避免此种缺陷，谨慎使用主力，求于将来决战时一战解决问题，应令李运昌、杨国夫〔3〕两部坚持山海关、绥中之线，节节抗击，消耗疲惫敌人，而令黄、梁两部从冷口、界岭口分路荫蔽开至锦州、锦西、兴城三角地区，处于内线，休整部队，恢复疲劳，补充枪弹，熟悉地理民情，创造战场，演习夜战，俟敌进至绥中地区或兴城地区业已疲劳消耗至相当程度，我则可集中最大兵力，计黄克诚三万五千，梁兴初七千，杨国夫七千，李运昌、沙克〔4〕在盘山、锦州至山海关一带者至少二万（新部队可以参战作为辅助兵力），共约七万人，于最有利之时机地点，由林彪或荣桓〔5〕亲去指挥，举行反攻，分作几个战斗，每次歼灭其二三个师，最后全部歼灭三个军，即能从战略上解决问题。冀东已编成两个野战旅，可调至山海关、绥中、兴城之线的西面山地荫蔽集结，于正面主力举行决战时，从侧面切断敌军后路。总之，从内线作战着眼，此种方针最为有利。你们是否同意，仍望考虑电复。

毛　泽　东

戌删

根据手稿刊印。

## 注　释

〔1〕林、彭，指林彪、彭真，当时分别任东北人民自治军总司令和第一政治委员。

〔2〕黄，指黄克诚，当时任新四军第三师师长兼政治委员。梁，指梁兴初，当时任山东军区第一师师长。

〔3〕李运昌，当时任东北人民自治军第二副司令、冀热辽军区副司令员。杨国夫，当时任山东军区第七师师长。

〔4〕沙克，当时任冀中军区参谋长。

〔5〕荣桓，即罗荣桓，当时任东北人民自治军第二政治委员。

# 给司徒美堂[1]的信

（一九四五年十二月二十八日）

纽约司徒美堂先生勋鉴：

顷接十一月二十七日代电，反对内战，力争民主，不胜钦佩。敝党代表团久已抵渝出席即将召开之政治协商会议，并已向政府当局提议立即无条件全面停止内战，结束一党专政，成立民主联合政府，以谋国家之团结、统一与和平建设。尚祈贵党与全美侨胞，一致主张，促其实现。民族前途，实深利赖。

中国共产党中央委员会主席　毛泽东

十二月二十八日

根据毛泽东修改件刊印。

## 注　释

〔1〕司徒美堂（一八六八——一九五五），广东开平人，当时任致公党美洲总部主席。

# 给蔡博等的信

（一九四六年一月八日）

蔡博、张芝明、刘永斌、黄平、赵小炎[1]诸位青年同志：

永福[2]回来，接到你们的信，十分高兴。正如你们信上所说，新中国需要很多的学者及技术人员，你们向这方面努力是很适当的。这里，只能简单地写几句话给你们，总之是希望你们一天一天成长，壮健，愉快，进步；并望你们团结一切留苏的中国青年朋友，大家努力学习，将来回国服务。

紧紧地握着你们的手！

毛　泽　东

一九四六年一月八日

根据人民出版社一九八三年出版的《毛泽东书信选集》刊印。

## 注　释

〔1〕蔡博，一九二四年生，湖南湘乡永丰镇（今属双峰县）人，蔡和森之子。张芝明，一九二七年生，江苏常州人，张太雷之子。刘永斌，即刘允斌（一九二五——一九六七），湖南宁乡人，刘少奇之子。黄平，应称尤里黄平，是黄平之子在苏联时用的名字，现名黄健，一九二七年生，广东中山人。赵小炎，即赵施格，一九二八年

生，四川酉阳人，赵世炎之子。当时他们均在苏联莫斯科钢铁学院学习。

〔2〕永福，即毛岸英（一九二二——一九五〇），湖南湘潭人，毛泽东的长子。

# 关于停止国内军事冲突的通告

（一九四六年一月十日）

中国共产党各级委员会，中国解放区各部队首长、各级政府同志们：

本党代表与国民政府代表对于停止国内军事冲突之办法、命令及声明〔1〕，业已成立协议，并于本日公布在案。凡在中国共产党领导下之一切部队，包括正规军、民兵、非正规军及游击队，以及解放区各级政府，共产党各级委员会，均须切实严格遵行，不得有误。

全中国人民在战胜日本侵略者之后，为建立国内和平局面所作之努力，今已获得重要之结果。中国和平民主新阶段，即将从此开始。望我全党同志与全国人民密切合作，继续努力，为巩固国内和平，实现民主改革，建立独立、自由和富强的新中国而奋斗。

中国共产党中央委员会主席　毛泽东

中华民国三十五年一月十日

根据一九四六年一月十一日《解放日报》刊印。

## 注　释

〔1〕一九四五年十月十日，国共双方签订会谈纪要后，以周恩来为首的中共代表团继续同国民党政府代表进行谈判，经过多次交换意见，双方于一九四六年一月十日签署了《关于停止国内军事冲突、恢复交通的命令和声明》与《关于停止国内军事冲突的协议》。主要内容是：关于“办法”，协议要求由国民党政府与中共各派代表一人会同美国马歇尔将军从速商定，提请国民党政府实施；国民参政会驻会委员会及政治协商会议各推定国共两党以外的公正人士八人，组织军事考察团，会同国共双方，在发生冲突区域考察军事状况、交通情形以及其他与国内和平恢复有关事项，随时将事实真相提出报告并公布之。关于“命令”：（一）一切战斗行动立刻停止。（二）除另有规定者外，所有中国境内军事调动一律停止，唯复员、换防、给养、行政及地方安全必要的军事调动除外。（三）破坏与阻碍一切交通线的行动必须停止，障碍物应即撤除。（四）为实行停战协定，应即在北平设一军事调处执行部，由委员三人组成，一人代表中国国民政府，一人代表中国共产党，一人代表美国，所有必要训令及命令应由三委员一致同意，以中华民国国民政府主席名义经军事调处执行部发布之。关于“声明”，协议提出：“命令”中的第二条，对国民政府在扬子江以南整军计划之继续实施、对国民政府军队为恢复中国主权而开入东北或在东北境内调动并不影响；恢复交通包括邮政在内；同意国民政府军队在上述规定下调动，应每日通知军事调处执行部；军事调处执行部的一切协定、建议及指示只涉及停止冲突所引起的直接问题；美国参加军事调处执行部仅为协助中国委员实施停止冲突令；军事调处执行部内设执行组；军事调处执行部各委员，得各别设置通讯线，足保迅速而无阻碍之通信；军事调处执行部先设于北平。

# 只要了解事实真相，群众是决不会盲从反动派的[1]

（一九四六年二月二十六日）

## 一

所有这些反动示威，包括二十二日的重庆示威在内，被国民党法西斯反动派欺骗参加的学生都只占当地全体学生的极少数，例如二十二日在重庆只有七千人，二十三日减至二千人，二十三日在上海只有二千余人，可见中国人民绝大多数其政治觉悟程度甚高，他们能够判别是非曲直，决不盲目跟随反动派走。法西斯反动派之所以能够煽动一部分群众参加示威，一半依靠威胁，一半依靠欺骗，即是利用人们不明东北真相与不明反动派挑拨国际战争与国内战争的阴谋之结果。我们相信只要东北真相被了解、反动派的阴谋被揭露，真正的群众是决不会盲从反动派的。

## 二

但是不论国民党法西斯反动派如何起劲地欺骗并煽动一

部分学生举行挑拨国际战争与国内战争的反革命示威，也不论某些政府当局如何纵容与鼓励这种反革命示威，归根结底，反动派自己是要失败的。企图挑拨美、苏两大强国举行所谓第三次世界大战，以便中国法西斯反动派好从中取利、从此“翻身”的阴谋，是确定要失败的。对于美、苏，它们的团结政策一定不变，断不会受这批中国法西斯臭物所煽动。对于中国人民，因为这种阴谋完全是反民族的，即是说，如果反动阴谋实现了，仅仅于德日意法西斯残余有利，于中国民族是绝对不利。关于那些反动口号，例如所谓“铁血收复东北”，“自动参战，武装收复东北”，“打倒新帝国主义”之类，中国人民很快就会知道，这是反对中华民族利益的反动阴谋。关于反动派挑拨内战的阴谋，表现在极端诬蔑与侮辱中共与民主人士，捣毁中共与民主派的报纸，殴打中共党员与民主人士，所有这一切，中国人民也是很明白，内战是确定地不能再打了。总之，在反动派极度猖獗之下，中国人民将更加团结起来，制止一切反动活动。

根据毛泽东手稿刊印。

## 注　　释

〔1〕这是毛泽东在审阅新华社述评稿《在政府当局的纵容与鼓励下反动派扩大反苏反共活动》时加写的两段话。第一段话加写在原稿列举国民党反动派煽动和组织重庆、成都、南京、上海、北平、武汉等地少数学生进行反苏反共示威活动，以及国民党特务破坏活动之后。第二段话加写在这篇述评稿的末尾。

# 要求各地汇报工业及工运情况的通知

（一九四六年三月十二日）

各中央局及分局负责同志：

你们区域工业及工运中好的与坏的倾向表现如何？

（一）是否有因劳动条件提得太高致有生产低落、资本家畏避之事发生，如有此种现象，你们采取了何种对策？

（二）经过斗争，工人有了组织，又适当地满足了工人改善生活的要求，而这些要求并不过火，没有伤害资本家的企业兴趣，只是提高了工人们的劳动热忱，因而发展了生产，繁荣了经济，对劳资双方均为有利，此种事例，在你区多不多？是否成了一般倾向？

（三）工会及党支部的工作方针是和厂方合作（不论公营、私营），以发展生产、繁荣经济为共同任务，就是说，实行了解放区工业及工运的正确方针；或者不是这样，而是工会及支部与厂方对立，只顾工人暂时片面利益，不管生产是否发展，经济是否繁荣，即是说，承袭内战时期的白区工运方针？这两种方针，在你们区域内，党与工会干部了解情况如何？

以上三个问题，请就所知于最短时间用简电答复我们。

中　央

寅文

根据毛泽东手稿刊印。

# 给洪禹的信[1]

（一九四六年三月十二日）

洪禹同志：

一月二十五日给我的信，很久就收到，很对你不起，到今天才复你，这是由于我几个月来都在病中的原故，请你原谅。在详细看了你的信以后，我感觉应当同意你的意见[2]。在关于你本人的具体问题上，当然这是你一方面的声音，而别方面的我还未听到；但是我觉得你所提出的那些意见，确是我们的党组织值得注意与必须注意的。因为今天离你发信的日子已有一个半月，在这期间内不知道你的问题已获解决否？如果尚未，请你去找组织部副部长安子文同志当面商量解决，我已把你给我的信付给安子文同志看去了。在你的问题得到解决的时候，请你告知我是如何解决的，我愿意知道这事的结果。总之我感觉对你及许多同志很负疚，因为我们工作中做得不好的事实在太多了。致以
同志的敬礼！

毛　泽　东
三月十二日

根据人民出版社一九八三年出版的《毛泽东书信选集》刊印。

## 注　释

〔1〕洪禹，一九一八年生，福建南安人，当时在延安鲁迅艺术文学院文学系研究室从事研究工作。在延安审干期间，曾受到错误的审查，为此向毛泽东写了申诉信，在毛泽东过问后问题得到了解决。

〔2〕洪禹在给毛泽东的信中说：他在抢救运动中，被毫无根据地怀疑为国民党特务，抢救运动后，又长期不作结论，不予甄别平反。他说，这种作法无论对党对个人都是极为不利的，这只能伤害无辜，制造混乱，绝不可能帮助党组织弄清问题。希望党中央关照各级党组织密切注意，千万不要因为革命节节走向胜利，就以为多一个人少一个人算不了什么，因而可以对受审查的人任意处置，或者置之不理。党的工作在一定意义上说，是一种十分细密的关于人心的组织工作，任意对待受审查的人，后果不仅仅是一两个受到粗暴对待的人的问题，它是关系到人心向背，关系到革命成败的一个十分重要的问题。

# 关于时局的四条分析[1]

（一九四六年三月十五日）

关于时局，有四条分析要说一说，大家看看是否恰当，这些也是过去一贯的看法，现在看来，似乎还不很定型。时局确实在动荡不定之中，影响着各个国家。有很多人问第三次世界大战会不会打起来，虽然我们被问到的人都说现在打不起来，但是担心的人还是不少。我想讲四条：

第一条，法西斯主力军被打倒了，为世界各国人民民主势力的向前发展开辟了道路，斯大林、莫洛托夫[2]和我们都这样讲过。这是事实，法西斯主力军的确被打倒了。打倒了法西斯，不是民主灭亡，而是民主向前发展。

第二条，法西斯残余势力与同盟国[3]内的亲法西斯势力（丘吉尔、赫尔利、何应钦[4]之流。丘过去不是，现在是。赫是孤立派。这里没把英国工党及蒋介石放在内，只讲那些“专家”，就是只采取一面政策而没有采取两面政策的），已经在组织、今后还一定要继续组织反苏反共反民主的反革命运动，并企图掀起第三次世界大战。这些反动势力是当前和今后的主要敌人，这些势力如果不被克服，第三次世界大战是很难避免的。

第三条，在各资本主义国家内有两部分民主势力，就是广大的人民及资产阶级和苏和共派。经过第二次世界大战，不但广大的人民极大地提高了觉悟，能够积极地反对反苏反共的反革命活动和第三次世界大战，而且英、美、法、中的资产阶级和德、意、日的资产阶级正分裂为两大集团，今后还要继续分裂，成为反苏反共与和苏和共两大派。过去资产阶级内部的分裂，曾经是打倒法西斯主力军的重要条件（如果只有张伯伦〔5〕没有丘吉尔，只有汪精卫〔6〕没有蒋介石，就打倒不了法西斯），现在的继续分裂必将起着新的更重要的作用，因此我们应该促进他们的这种分裂。资产阶级和苏和共派又包括两部分人：资产阶级的中派和左派，如蒋介石就是中派。他的主张有两条：第一条是一切革命党全部消灭之；第二条是如果一时不能消灭，则暂时保留，以待将来消灭之。而左派则和蒋介石不同，如张东荪〔7〕等人。这两派今天都是能和我们合作的，因为中派有“暂时保留”一说，这就产生了妥协的可能性。不要以为天下都是黑的，没有缝。广大的人民和资产阶级之间有一条缝，资产阶级继续分为两派也是一条缝。广大的人民加上资产阶级和苏和共派，就可能击破反苏反共的阴谋，就可能出现以内战代替世界大战的前途。至少是可以迟滞大战的爆发，争取十年至十五年的时间。如果能争取到十五年，那就可能不打世界大战，只打内战。如果那时爆发世界大战，那末反革命力量就一定会被打败。

第四条，党的路线是联合广大的人民及资产阶级的中派和左派，打倒法西斯残余势力和资产阶级中的反革命势力。这是党历来的路线。对资产阶级中最顽固的、不能妥协的势力要反对；凡是能妥协的就联合。

不管风浪多么大，这几条我们要把握住。第一条很清楚。第二条是人们容易忘记的，稍微平静一点就忘了。二月一日到九日就忘了，较场口事件〔8〕一来就又记得了。马歇尔〔9〕能够放长线，蒋介石也和何应钦有不同，假如美蒋有一个放长线的，放半年我们有些人就会忘了第二条，就会觉得天下太平、四方无事，那就危险得很。我们的军队是要缩编的，但不是缩编得越少越好，一些同志不知道这些，需要说清楚。

五年是一个关头。只要过五年，苏联完全从战争创伤中恢复了，我们也强大起来，事情就好办了，我们就能够摆脱被消灭的可能，也一定要摆脱。当然这里面包含着坚决地同反动派作斗争，而且在斗争中把他们消灭得越多越好。

根据中央档案馆保存的
讲话记录稿刊印。

## 注　释

〔1〕这是毛泽东在中共中央政治局会议上的讲话。

〔2〕莫洛托夫（一八九〇——一九八六），当时任苏共中央政治局委员、苏联人民委员会第一副主席兼外交人民委员。

〔3〕同盟国，指第二次世界大战期间共同对德、意、日轴心国作战的中、美、英、苏、法等国。

〔4〕丘吉尔（一八七四——一九六五），英国保守党领袖。一九四〇年至一九四五年任英国战时联合内阁首相，领导英国抗击法西斯德国的进攻。一九四六年三月五日在美国富尔顿发表演说，鼓吹英美联盟，对抗苏联，揭开了战后“冷战”的序幕。赫尔利（一八八三——一九六三），美国共和党人。一九四四年十一月底任美国驻中国大使，因支持蒋介石的反共政策而受到中国人民的坚决反对，于一九四

五年十一月离职。何应钦，当时任国民党政府军事委员会参谋总长兼国民党军陆军总司令部总司令。

〔5〕张伯伦（一八六九——一九四〇），英国保守党领袖。一九三七年至一九四〇年任英国首相，在他任期内实行纵容德、意、日法西斯发动侵略战争的绥靖政策。

〔6〕汪精卫（一八八三——一九四四），浙江山阴（今绍兴）人。一九三七年抗日战争爆发后，任国民党国防最高会议副主席，主张对日妥协，是国民党内亲日派首领。一九三八年三月任国民党副总裁，同年十二月公开投降日本帝国主义，后任日本帝国主义扶植的南京傀儡政府主席。

〔7〕张东荪（一八八六——一九七三），浙江杭州人。当时任中国民主同盟中央执行委员。

〔8〕一九四六年二月十日，重庆各界二十多个团体的群众在较场口广场举行庆祝政治协商会议成功大会，国民党特务捣乱会场，打伤李公朴、郭沫若及新闻记者等六十多人。

〔9〕马歇尔（一八八〇——一九五九），美国民主党人。一九四五年十二月被美国总统派任驻华特使，以“调处”为名，参与国共谈判。一九四六年八月宣布“调处”失败，不久返回美国。

# 在东北进驻地区要十分注意政策

（一九四六年三月十七日）

彭、林〔1〕：

（一）国民党还不停战，沈阳以北长春路沿线之苏军撤退区同意你们派兵进驻，以为将来谈判之条件，时间愈快愈好。但在进驻时及进驻后，不得伤害国民党之接收人员。东北大部是我们的，我们应作长期打算。此点请十分注意。（二）全满〔2〕各地均须注意除罪大汉奸外，不杀一人，以收人心而利谈判。

中　央

寅篠

根据毛泽东修改件刊印。

## 注　释

〔1〕彭、林，指彭真、林彪，当时分别任中共中央东北局书记、东北民主联军第一政治委员和东北局副书记、东北民主联军总司令。

〔2〕满，指满洲，即中国东北地区。

# 关于工业与工运问题的方针[1]

（一九四六年三月二十四日、二十八日）

## 一

各局：

为使工业与工运问题在党内展开讨论，纠正目前严重存在着的过左偏向，请将中央关于工业与工运三个问题询问电[2]转发至区党委（或省委）及分区党委两级讨论，特别注意抄给从事工业与工运的干部加以讨论，并将他们意见反映到中央来。但在纠正偏向时，须着重于干部思想上打通，不要着重于犯错误的责任，对于他们领导群众艰苦奋斗，还须给以勉励与安慰，以便好好地将“左”倾偏向纠正过来，而不是泼冷水。

中　央

寅敬

## 二

解放区劳资关系必须取合作方针，以达发展生产、繁荣经济之目的，无论公营、私营，都是如此。任何工厂，工会与党支部必须与厂方协同制定生产计划并协同执行之，力求以较低之成本，得较多较好之产品，从此获得较多之盈利，劳资双方有利。工人之福利必须于发展生产、繁荣经济中求之，任何片面的过火要求，都将破坏解放区的经济。

根据毛泽东手稿刊印。

## 注　释

〔1〕本篇一是毛泽东为中共中央起草的指示，后来决定暂不发出。本篇二是毛泽东在一九四六年三月二十八日《中共中央关于经济建设的几项通知》稿中加写的第七项。二十九日，毛泽东在陈伯达将这个通知稿报送任弼时写的信上，写了以下批语："弼时同志：前次拟发的工业与工运指示电，暂不发了，在此电中加上一项，即可给以方针，请酌定。"

〔2〕见本卷第92—93页。

# 纠正群众工作中错误的几个问题

（一九四六年四月十一日）

陈毅[1]同志：

七日电悉。关于纠正群众工作中的错误，建议如下：

（一）群众工作中的错误有两类。第一类是空白村子及命令主义。空白村子是右的领导完全不去发动群众的结果。命令主义，表面上是在积极发动群众，实际上是用少数人包办及强迫群众服从的办法，代替群众自觉的与有组织的斗争，即用非群众路线代替群众路线，其结果亦仍然是空白村子，并使群众受到坏影响。故凡属存在这一类错误现象的地方，必须注意研究与纠正。

（二）第二类是党在领导群众斗争过程中所发生的过火行动，即“左”的错误。其中，首先应当注意的是侵犯中农利益，一经发现，必须迅速纠正；其次是除减租减息外过分地打击了富农与中小地主，亦必须注意于适当时机加以纠正。

（三）至于给汉奸、豪绅、恶霸、反动分子以严重打击，只要是真正群众的行动，则不是错误而是必需。大城市中豪绅地主的大声叫喊是必然现象，我们绝不应为其所动。但是到了群众斗争已经胜利、清算减租已经实现之时，党便应当劝告群众，对地主阶级由打的政策改变为拉的政策。例如让逃亡地主还乡，给地主以生活上的出路，并联络开明绅士参加某些工作等。拉的政策，其目的在于减少反对力量，使紧张空气和缓下来，因此是必需的。但应注意不要拉得过早，损害群众利益与影响群众情绪。

（四）只要是真正的群众运动，当我们纠正“左”的错误，即纠正干部及群众对于中农、富农及中小地主的过火行动时，应当用极大的善意与热忱去说服他们，使他们在自觉与高兴的基础之上纠正他们的错误，想出补救的办法，绝对不可泼冷水，绝对不可使他们感觉受了挫折。

（五）来电说，在不动摇和承认农民已得利益的原则下，在不削弱群众积极性的条件下，逐渐纠正错误，这是很对的。山东及各地群众斗争正在发展，虽有不少错误，但成绩甚大，前途是光明的。

（六）减租与反奸清算，二者都不可少，应当研究各地工作的具体内容，善于领导，使群众斗争有广大发动，而又适可而止，做到有理、有利、有节。

（七）此电所述问题，是各地同志应当普遍知道的，如你觉得有必要时，请摘要转发各区党委与地委。

中　央

卯真

根据毛泽东手稿刊印。

## 注　　释

〔1〕陈毅，当时任中共中央华东局副书记、新四军军长兼山东军区司令员。

# 东北作战须统筹全局作长期打算

（一九四六年四月十二日）

东北局及林〔1〕：

（一）同意林真子电〔2〕，以集中力量歼灭敌人为主，不以固守城市为主，并须统筹全局，作长期打算。（二）长春如有可靠之内应及在力量对比上有把握则占领之，否则放弃占领计划，但以一部力量占领飞机场，阻敌空运，以利谈判。（三）詹才芳〔3〕在绥中破路已见大效，望你们重视破路，看作战胜敌人的重要方法。（四）注意组织民兵，全满〔4〕普遍实施民兵制度。（五）注意组织受县区指挥之游击队，全满各县均应有游击队。（六）在敌占区组织武工队，每县数队，每队数十人，遍布敌占区。（七）你们最近数仗打得不错，敌人已在叫苦，望对打胜仗之部队传令嘉奖，鼓励士气。（八）全满普遍实行减租减息，发动群众，巩固后方，一切从长期打算出发。

中　央

卯文

根据毛泽东手稿刊印。

## 注　　释

〔1〕林，指林彪，当时任东北民主联军总司令。

〔2〕指林彪一九四六年四月十一日子时给中共中央东北局和中央的电报。电报说：在蒋介石继续增兵东北的情况下，我军固守四平和夺取长春，迅速实现东北和平的可能性均不大。因此我军似应以消灭敌人为主，而不以保卫城市为主，以免既不能保卫城市又损失了力量，造成以后虽遇有利条件亦不能消灭敌人的结果。目前方针应脱离被迫作战，取主动进攻。对难夺取与巩固之城市，不必过分勉强去争取。建议我军采取以便于消灭敌人有生力量为主作为当前行动的基本方针，停止对长春之攻击，将一切攻击长春兵力的极大部分迅速向四平前进，求得我军四平作战兵力之集中。南满方面亦应采取以上方针。

〔3〕詹才芳（一九〇七——一九九二），湖北黄安（今红安）人。当时任冀东军区司令员。

〔4〕满，指满洲，即中国东北地区。

# 占领长春后的东北军政工作部署

（一九四六年四月十九日）

彭林[1]并转周，陈高[2]：

（一）长春占领，对东北及全国大局有极大影响，望对有功将士，传令嘉奖。

（二）杨[3]师立即或休息数日南下参战，必须增加四平方面兵力，歼灭新一军主力，并准备继续打几个大胜仗，方能保卫长春。

（三）用全力夺取哈、齐[4]二市。

（四）用全力发动长、哈、齐三市及长哈齐线东西两侧各二百里左右地区的数百万群众，帮助他们组织起来与武装起来，作为控制全满[5]之中心区域，迅速准备一切，为保卫长春而战。为此目的，应派遣大批有经验、懂策略干部分布中心区域各县市工作，发动群众，消灭土匪，清算汉奸，减租减息，改善职工待遇，分配大汉奸土地，这些工作短时期内须见成效。但须注意坚持广泛民族统一战线，只得罪少数人，不要得罪太多的人。为群众所反对之汉奸、豪绅、恶霸，必须惩办，但不要牵连太广。工人工资及其他劳动条件切不可提得过高，必须采取劳资合作、发展生产、繁荣经济、劳资两利的政策，决不可只顾工人暂时片面利益，结果害了自己。

中　央

卯皓午

根据毛泽东手稿刊印。

## 注　释

〔1〕彭林，指彭真、林彪，当时分别任中共中央东北局书记、东北民主联军第一政治委员和东北局副书记、东北民主联军总司令。

〔2〕周，指周保中（一九〇二——一九六四），云南大理人，当时任东北民主联军副总司令兼吉辽军区司令员。陈，指陈云，当时任东北民主联军北满军区政治委员。高，指高岗（一九〇五——一九五四），陕西横山人，当时任东北民主联军北满军区司令员。

〔3〕杨，指杨国夫，当时任东北民主联军第七师师长。

〔4〕哈齐，指黑龙江哈尔滨和齐齐哈尔。

〔5〕满，指满洲，即中国东北地区。

# 集中优势兵力在四平南北地区举行数次大的战役决战

（一九四六年四月十九日）

彭、林[1]：

（一）杜聿明[2]由平赴沈对人称，东北共军四十余万，国军十余万，相差甚远，但仍须决心打下去，有坦克百余将运沈阳，并要使用飞机等语。要战胜顽敌保卫长春，必须准备对付飞机、坦克（参加过抗日的将士有办法对付之），并集中绝对优势兵力，于四平南北地区举行数次大的战役决战，才能解决问题。

（二）在不削弱各地工作条件下，抽调大批干部加强长、哈[3]为中心地区的工作，即四平、海龙以北，齐齐哈尔、海伦以南，洮南以东，牡丹江以西，约三十至四十个县市，似应派较多干部分往各县市，发动群众，改造政权，组织武装，解决土地问题，掌握工商业，将这一带建设成民主东北的重心。这主要应从工作较深入、干部较多的南满[4]方面抽调干部（南满工作不要放松），是否可行，请加考虑。这一计划是从我能确保长、哈、齐三市至少确保哈、齐二市来设想的。至于三市是否能确保，决于是否能在四平地区大量歼灭敌人，故争取战争胜利，是基本环节。

（三）东北局如移长春，应住在郊外安全地点统筹全满[5]工作，解决有关全局各项重大问题，而不要直接去管长春市工作。如你们觉得长春尚不稳固，暂缓迁移亦可。

中　央

卯皓

根据毛泽东手稿刊印。

## 注　释

〔1〕彭、林，指彭真、林彪，当时分别任中共中央东北局书记、东北民主联军第一政治委员和东北局副书记、东北民主联军总司令。

〔2〕杜聿明（一九〇四——一九八一），陕西米脂人。当时任国民党军东北保安司令长官。

〔3〕哈，指黑龙江哈尔滨。

〔4〕南满，指中长路沈阳至大连段以东的安东（今丹东）、庄河、通化、临江、清原和沈阳西南的辽中等地区。

〔5〕满，指满洲，即中国东北地区。

# 向"四八"被难烈士致哀[1]

（一九四六年四月二十日）

亲爱的战友们，不朽的英雄们：

数十年间，你们为人民事业做了轰轰烈烈的工作。今天，你们为人民事业而死，虽死犹荣！

你们的死是一个号召，它将加深中国人民对于中国共产党的认识，它将加强中国人民坚持和平、民主、团结事业的决心！

你们的死是一个号召，它号召全党党员和全国人民团结起来，为和平、民主、团结的新中国而奋斗到底！

全党党员和全国人民将继承你们的遗志，继续奋斗，直到胜利，决不懈怠，决不退缩！

根据一九四六年四月二十日
《解放日报》刊印。

## 注　　释

〔1〕一九四六年四月八日，中共政协代表王若飞、政协宪草审议委员会代表秦邦宪、获释不久的前新四军军长叶挺、中共中央职工运动委员会书记邓发等乘

美国飞机从重庆回延安，因遇恶劣天气，飞机在山西兴县黑茶山失事，机上人员全部遇难。本篇是毛泽东为烈士们写的祭文。

# 关于练兵的指示

（一九四六年五月一日）

各局：

关于练兵指示：

（一）国民党反动派除在东北扩大内战外，现正准备发动全面内战，在此种情况下，我党必须有充分准备，能够于国民党发动内战时坚决彻底粉碎之。

（二）准备工作中，除精简老弱（复员）、充实部队、减租减息、发展生产、整理财政等项外，各地必须抓紧练兵工作。

（三）三个月来各地练兵工作抓得不很紧，没有造成热潮，有的练了，有的没有练，此种现象应即刻检讨改正。

（四）接此指示后，立即下令全军练兵，上级督促检查，将此看成决定胜负的关键之一。

（五）练兵内容，军事上练三大技术〔1〕，练守城，练夜战，政治上提高战胜顽军、保卫解放区之决心与信心。

（六）执行情形速告。

中　央

辰东

根据毛泽东手稿刊印。

## 注　　释

〔1〕三大技术，指射击、刺杀和投弹三项军事技术。

# 力争东北停战及制止全国内战的对策

（一九四六年五月十五日）

各局，周，叶罗，饶李伍[1]：

关于时局及对策：

（一）国民党除在东北大打外，积极准备全国内战，但因美国政策除一般扶蒋[2]及助蒋在东北作战外，对全国内战尚不赞成，蒋对我军实力、国际舆论及国内人心有所顾虑，故尚不敢立即发动全国内战，但其准备是异常积极的。

（二）我党方针是力争东北停战及制止全国内战，至少也要推延全国内战时间。因此我应采取如下对策：甲、不向国民党挑战，如国方向我“蚕食”或进攻，我必须坚决将其击退，收复失地，否则彼方得寸进尺，大内战将来得更快。但我必须坚守自卫立场，不向彼方主动进攻，纠纷发生，经过斗争之后由执行小组加以调处，使我处于有理有利之地位。乙、对执行部及各执行小组的工作加以调整，改善对美国人关系，无论美国人如何偏袒国方，我除据理力争外，只要美国未恢复赫尔利[3]政策，策动全国内战，我即应尽可能争取美国人。最近时期，有些地方对美国人关系弄得不好，这当然是由于美国人态度不好所引起，但我们的争取工作亦有不足，今后应当注意研究争取美国人的工作。即对国方代表及国方官长，亦须注意争取。总之，我方权利所在，必须力争，彼方无理要求，必须拒绝，但总的精神是求得在不吃亏的基础上解决纠纷，而不是使纠纷扩大。丙、东北方面是一方面坚决作战，四平街保卫战支持的时间愈长愈有利，另方面是我对外谈判人员应强调停战与争取停战。热河〔4〕方面，因彼方源源调兵扩大东北内战，故我不能不对锦热路〔5〕加以破击，一俟告一段落，即应转入调整。丁、除东北加紧作战，同时抓紧减租、生产外，各解放区均应抓紧练兵、减租、生产三大任务，必须于今后六个月内做出显著成绩，即以此制止全国内战。如国民党必欲发动内战，我亦能将其彻底粉碎而使自己立于不败之地。今后六个月又分为两期，五、六、七月为一期，八、九、十月为一期，望各地首先抓紧目前三个月工作，切勿麻痹松懈。戊、在一切大城市中除发展群众工作外，应用极大力量争取各部分中间派及国民党中间派。

中　央

辰删

根据毛泽东手稿刊印。

## 注　　释

〔1〕周，指周恩来。叶，指叶剑英（一八九七——一九八六），广东梅县人，当时任军事调处执行部中共方面代表。罗，指罗瑞卿，当时任军事调处执行部中共方面参谋长。饶，指饶漱石，当时任军事调处执行部第二十七执行小组中共方面组长。

李，指李立三（一八九九——一九六七），湖南醴陵人，当时任军事调处执行部第二十七执行小组中共方面政治顾问。伍，指伍修权，一九〇八年生，湖北武昌人，当时任军事调处执行部第二十七执行小组中共方面参谋长。

〔**2**〕蒋，指蒋介石。

〔**3**〕赫尔利，美国共和党人。一九四四年十一月底任美国驻中国大使，因支持蒋介石的反共政策而受到中国人民的坚决反对，于一九四五年十一月离职。

〔**4**〕热河，即热河省，见本卷第10页注〔3〕。

〔**5**〕锦热路，指锦州至承德的铁路，即今锦承线。

# 东北目前仍应将乡村及中小城市工作放在首位

（一九四六年五月十九日）

东北局，北满[1]分局：

我们虽已得了长、哈[2]两个大城市，但乡村及中小城市工作仍是第一位，切不可将大批干部堆积在长、哈两市。应令各县加紧练兵、剿匪及解决土地问题，今年务必将土地问题全部或大部解决完毕。土地问题解决，兵也有了，匪也容易剿了，大城市也巩固了。为此目的，应从南满、东满[3]群众工作比较深入各县抽出一批干部，调到北满各县做群众工作。长哈路两侧十余县的群众工作，十分重要。

中　央

辰皓

根据毛泽东手稿刊印。

## 注　　释

〔1〕北满，指哈尔滨、牡丹江、北安、佳木斯、齐齐哈尔等地区。

〔2〕长，指吉林长春。哈，指黑龙江哈尔滨。

〔**3**〕南满，见本卷第111页注〔4〕。东满，指中长路沈阳至长春路以东的吉林、西安（今东辽）、安图、延吉、敦化等地区。

# 准备对付蒋介石大打的作战部署

（一九四六年六月十九日）

刘邓薄，贺李，聂刘〔1〕，并告陈舒〔2〕：

（一）观察近日形势，蒋介石准备大打，恐难挽回。大打后，估计六个月内外时间，如我军大胜，必可议和；如胜负相当，亦可能议和；如蒋军大胜，则不能议和。因此，我军必须战胜蒋军进攻，争取和平前途。

（二）大打后，我晋察冀热辽主力应对付热河〔3〕及平津方面蒋军主力，以一部协助贺、李对付傅作义〔4〕及夺取同蒲北线，以又一部协助刘、邓、薄夺取正太线。

（三）我贺、李统一指挥晋绥主力及聂、刘一部，准备粉碎傅作义之进攻及夺取同蒲北线，以一部协助刘、邓、薄夺取晋西南及同蒲南线。

（四）我晋冀鲁豫主力应对付河南方面蒋军主力，其余用于夺取正太线、同蒲南线及晋西南，最后协同晋西北、晋东北夺取太原。

（五）拟以陈赓为司令员、薄一波为政治委员，组织指挥机关，统一指挥太行（太南不在内）、太岳、晋西南（吕梁）及晋东北靠近正太路两个分区之一切党政军民力量，其任务为夺取同蒲南线、晋西南全区、白晋路之东沁线[5]及太原、娘子关间之正太路。陈赓纵队司令员职务以别人代替或代理。

（六）你们对于上述布置有何意见，望告。

（七）我大打必须在蒋大打之后，以示衅由彼启。

中 央

巳皓

根据毛泽东手稿刊印。

## 注 释

〔1〕刘邓薄，指刘伯承、邓小平、薄一波，当时分别任晋冀鲁豫军区司令员、政治委员和第一副政治委员。贺，指贺龙，当时任晋绥军区司令员。李，指李井泉（一九〇九——一九八九），江西临川人，当时任晋绥军区政治委员。聂刘，指聂荣臻、刘澜涛，当时分别任晋察冀军区司令员兼政治委员和副政治委员。

〔2〕陈，指陈毅，当时任新四军军长兼山东军区司令员。舒同，一九〇五年生，江西东乡人，当时任新四军政治部主任兼山东军区政治部主任。

〔3〕热河，即热河省，见本卷第10页注〔3〕。

〔4〕傅作义，当时任国民党军第十二战区司令长官。

〔5〕白晋路，指当时从山西祁县的白圭至晋城的一条未完成的铁路，后已全部拆除。东沁线，指白晋路中从山西祁县东观至沁县的一段铁路。

# 反对美国对蒋军事援助法案的声明[1]

（一九四六年六月二十二日）

美国国务院于本月十四日提付国会审议的继续对华军事援助法案，对中国的和平安定与独立民主有极为不利的影响，因此中国共产党坚决反对此项法案。中共此种意见，并为中国广大民主人士所支持。在抗日战争中，美国对于中国实施军事援助，并派遣美军在中国领土上协同作战，其目的是击败中美的共同敌人日本帝国主义，但就在那时，由于美国错误地仅仅援助国民党军阀，这种援助也并未有效地加强中国的抵抗，相反地是被国民党军阀用以加强其对于积极抗日的中国共产党与中国解放区的进攻与封锁。在日本投降以后，美国没有停止反而极大地加强了对于中国国民党政府的各种军事援助，并在此实际目的下派遣庞大的军队驻在中国的领土与领海之上，这种行动已经证明是中国大规模内战爆发与继续扩大的根本原因。仅仅在美国政府宣布履行一九四五年十二月莫斯科三国外长会议公报关于中国问题的约束，与中国国民党宣布停止内战，并宣布履行中国政治协商会议关于国家民主化的决议的前提之下，中国共产党才曾经不反对美国对于中国的某种军事援助。但是现在这些前提都已被严重破坏，因此美国实行所谓军事援助，实际上只是武装干涉中国内政，只是以强力支持国民党独裁政府继续陷中国于内战、分裂、混乱、恐怖和贫困，只是使中国不能实现整军复员和履行其对于联合国的义务，只是危害中国国家安全独立与领土主权完整，只是破坏中美两大民族的光荣友谊与中美贸易的发展前途。中国人民今天所急需的并不是美国的枪炮及美军留驻中国领土，相反，中国人民痛感美国运来中国的军火已经太多，美国在中国的军队已经驻得太久，他们已经构成中国的和平和安定与中国人民的生存和自由之严重巨大威胁。在此种现实情况之下，中国共产党不得不坚决反对美国政府继续以出售、交换、租借、赠送或让渡等方式将军火交给中国的国民党独裁政府，坚决反对美国派遣军事使团来华，并坚决要求美国立即停止与收回对华的一切所谓军事援助，和立即撤回在华的美国军队。

根据一九四六年六月二十三日
《解放日报》刊印。

## 注　释

〔1〕这是中国共产党中央委员会主席毛泽东发表的声明。同日，毛泽东起草了中共中央给当时在南京谈判的周恩来的电报，电报说："今日用中共中央主席名义发表声明，抗议美国军事援华法案；你收到后请即正式具函送交马歇尔，请其转达美国政府。"

# 东北应准备于谈判破裂时粉碎蒋介石进攻

（一九四六年六月二十二日）

东北局，转各分局、各省委、各纵队：

蒋介石为着完成进攻准备，延长休战[1]八天至三十日止，如我党不能承认其苛刻条件（例如东北只给旧黑龙江[2]，其余一切不给），七月初将向东北及全国进攻。你们现在即应准备于谈判破裂时动员全党全军克服任何动摇犹疑恐惧心理，利用我方各项有利条件，紧紧依靠群众建立根据地，粉碎国民党的进攻，在我党取得大的胜利之后，必能实现国内和平。在此伟大斗争中，我华北、华中解放区及全国民主力量均将以行动援助你们。

中　央

巳养

根据毛泽东手稿刊印。

## 注　释

〔1〕根据美国总统特使马歇尔的提议，国共双方经过磋商，于一九四六年六

月六日分别发表自六月七日十二时起在东北休战十五天进行谈判的声明。二十一日，蒋介石宣布东北休战期延长至六月三十日。

〔2〕一九四五年八月日本投降以后，国民党政府将原东北的辽宁、吉林、黑龙江三省划分为辽宁、辽北、安东、吉林、合江、松江、黑龙江、嫩江、兴安九省。旧黑龙江指原东北三省中的黑龙江省。

# 全局破裂后<br>太行和山东两区的战略计划

（一九四六年六月二十二日）

刘邓薄，陈舒〔1〕：

全局破裂后请你们考虑下列方案：

（一）太行区以豫东地区为主要作战方向，集中主要兵力尽可能攻取长垣、考城〔2〕、民权、兰封、封丘、宁陵、睢县、杞县、陈留〔3〕、通许、太康、柘城、淮阳、商丘、鹿邑、西华各点，主要着重在野战中消灭敌军有生力量，相机占领开封。

（二）山东区以徐州地区为主要作战方向，集中山东主要力量配合苏皖北部各区，攻取黄口、砀山、虞城、涡阳、夹沟、符离、宿县、任桥、固镇（即徐蚌间）各点，主要着重调动徐州之敌于野战中歼灭之，相机占领徐州。

（三）太行区除山西对阎〔4〕部队外，其余以一部监视豫北之敌，应以最大主力出动于豫东区域。

（四）山东以胶东对付青、潍〔5〕，以渤海对付济南，其余鲁中、鲁南、滨海三区主力及新四主力全部南下。

（五）只要占领开封、徐州间及徐州、蚌埠间主要铁路线及上述各县城之半数左右，即为有利。有些县城可让地方部队逐次攻占之，我主力不必每个城均去打。

（六）在上述作战阶段中，充分注意争取杂牌及伪军反正。

（七）在上述作战计划中，我五师[6]主力突围向河南出动，其任务为钳制河南之敌，配合你们作战。

（八）粟谭[7]主力对付江北之敌，配合你们作战。

（九）上述作战胜利（不一定要取得开封、徐州）后，如形势有利，可考虑以太行、山东两区主力渡淮河向大别山、安庆、浦口之线前进。

（十）这一计划的精神着重向南，与蒋的精神着重向北相反，可将很大一部蒋军抛在北面，处于被动地位。

（十一）这一计划可保障五师不致被消灭或吃大亏。

（十二）这一计划依靠老根据地，逐步向南，稳扎稳打，并不冒险。

（十三）如能逐步渡淮而南，即可从国民党区域征用人力物力，使我老区不受破坏。

（十四）蒋现延长休战至本月三十日，七月初即将大打，我须速定战略方针，以利作战。

（十五）意见如何，望告。

中　央

巳养

根据毛泽东手稿刊印。

## 注　释

〔1〕刘邓薄，指刘伯承、邓小平、薄一波，当时分别任晋冀鲁豫军区司令员、政治委员和第一副政治委员。陈舒，指陈毅、舒同，当时分别任新四军军长兼山东军区司令员和新四军政治部主任兼山东军区政治部主任。

〔2〕考城，一九五四年与兰封县合并为兰考县。

〔3〕陈留，一九五七年并入开封县。

〔4〕阎，指阎锡山，当时任国民党军第二战区司令长官。

〔5〕青、潍，指今山东青岛和潍坊。

〔6〕五师，指原新四军第五师，李先念任师长兼政治委员。

〔7〕粟，指粟裕，当时任华中野战军司令员。谭，指谭震林（一九〇二——一九八三），湖南攸县人，当时任华中野战军政治委员。

# 正确对待军调执行小组的国、美人员〔1〕

（一九四六年六月二十二日）

各局并转各有关机关及有关部队：

据北平执行部巳号〔2〕电称：关于执行小组来往我区安全保证及对于他们的态度问题，最近出了不少乱子，例如故意留难、检查、扣留以及态度上不礼貌等等到处发生，特别是随便放枪致北票打伤美方组员，晏城打死国方雷奋强，本日又据报新乡小组在修武地区被射击，致国方组员死一伤一。这样事件，许多当系出于误会，但许多亦由于下级对国、美的简单仇恨心理所产生，若不予纠正，尽管我方不是完全没有理由可讲（特别是我方组员被扣被侮辱伤害之事件不少），但在政治上总是无理及丧失同情的。请中央训令各战略区，必须切实约束部下，并进行教育，求得不再发生上述事件。对于国、美之调处不公，我方随时都必须有严正态度，但在小组来往相处的关系上，任何时候都需讲求适当的礼貌和很好的友谊，使我外交斗争处于更加有理的地位。当否请中央决定施行等语。所述甚为合理，望各局通令各有关机关、有关部队普遍进行教育，嗣后对国、美两方人员待以礼貌，尤不得有伤害之事发生，是为至要。

中　央

巳养

根据毛泽东手稿刊印。

## 注　　释

〔1〕这是毛泽东为中共中央起草的关于正确对待北平军事调处执行部驻各地的军调执行小组中国民党和美国方面人员的通令。同日，毛泽东为中共中央起草给叶剑英、罗瑞卿及周恩来的电报，告知："业已通令各战略单位进行教育，对国、美两方人员待以礼貌，尤不得有伤害之事发生。"

〔2〕巳号，即六月二十日。

# 给邝赛朝暨美国海员工会三千华工的电报

（一九四六年六月二十四日）

邝赛朝先生暨美国海员工会三千华侨工友：

接获来电[1]，得悉诸位工友呼吁立即停止中国内战，取消一党专政，成立民主联合政府，并对依靠外力进行内战的行为表示义愤。诸位关怀祖国前途，热爱和平民主，令人感佩兴奋。深望诸位再接再厉，唤起全美侨胞、全美劳工界与各界人士，要求美国当局立即停止对国民党独裁政府的任何援助，撤退驻华美国海陆空军，并撤销已向美国会提出的继续军事援华法案，使中国和平民主得以早日实现，中美传统友谊得以保持。

中国共产党中央委员会主席　毛泽东

一九四六年六月二十四日

根据一九四六年六月二十六日《解放日报》刊印。

## 注　释

〔1〕指邝赛朝给孙中山夫人宋庆龄转国民党政府主席蒋介石、中国共产党主席毛泽东、中国民主同盟主席张澜的电报。电报说:“美国海员工会中三千华侨会员要求根据停战协定与政协决议,立即停止中国内战,实现和平与重建中国。我们厌恶在内战中使用日伪军与美军的办法。我们认为必须肃清空前的贪污,取消一党专政,代之以民主联合政府。美国劳工界将尽一切力量拥护民主自由独立的中国。”

# 国民党一切布置是打，暂无和平希望

（一九四六年六月二十五日）

林[1]：

敬电[2]悉。（一）国民党一切布置是打，暂时无和平希望。（二）谈判破裂，全国大打，不限于东北。（三）全靠自力更生。（四）半年至一年内如我打胜，和平有望。（五）友邦[3]在将来可能在外交上给以援助。（六）我党在南京谈判中，当尽最后努力，付出最大让步，以求妥协，但你们不要幻想。

中　央

巳有

根据毛泽东手稿刊印。

## 注　释

〔1〕林，指林彪，当时任东北民主联军总司令兼政治委员。

〔2〕指中共中央东北局一九四六年六月二十四日给中央的电报。电报说：我们考虑不能将白城子、哈尔滨、佳木斯、牡丹江、安东（今丹东）给国民党驻兵。与其立即交出以上地点，不如在长期战争中力求保持。为打破国民党在战略上的各个

击破，彼如集中力量打东北，则我应在华北、华中发动大攻势，给彼以大破坏，迫其停战，这是求得全面停战的最有效方法。目前国民党在东北已外强中干，其在外交上对我之苛刻要求，带有吓唬性质，我不可轻易让步。蒋介石如继续增兵东北，进行战争，则除非是准备全国破裂、与苏联冲突，或已把握苏绝不致干涉。如决心全国内战，则除非已取得美国援助其大规模内战的保证。我们固然要基本上准备作战，但同时应力争和平，作一定限度的让步。

〔**3**〕指苏联。

# 给马叙伦〔1〕等的慰问电

（一九四六年六月二十五日）

南京周恩来同志，请转上海人民团体请愿代表马叙伦、蒉延芳、张䌹伯、包达三、盛丕华、吴耀宗、阎宝航、雷洁琼、陈震中、陈立复〔2〕诸先生公鉴：

先生等代表上海人民，奔走和平，竟遭法西斯暴徒包围殴打〔3〕，可见好战分子不惜自绝于人民。中共一贯坚持和平民主方针，誓与全国人民一致为阻止内战、争取和平奋斗。谨电慰问，并希珍重。

毛泽东
朱　德

根据一九四六年七月六日《解放日报》刊印。

## 注　释

〔1〕马叙伦（一八八五——一九七〇），浙江杭县（今余杭）人。当时任中国民主促进会中央理事、上海人民和平请愿团团长。

〔2〕蒉延芳（一八八三——一九五七），浙江镇海人，当时任扬子江拖驳公司总经理、浙江兴业银行董事长。张䌹伯（一八八五——一九六九），浙江宁波人，当

时任中兴实业公司董事。包达三（一八八四——一九五七），浙江镇海人，当时任雷石化学公司董事长、信仪地产公司总经理。盛丕华（一八八三——一九六一），浙江宁波人，当时任上元企业公司董事、开美药厂董事长。吴耀宗（一八九三——一九七九），广东顺德人，当时任中华基督教青年会全国协会校会组主任、青年协会书局主任。阎宝航（一八九五——一九六八），辽宁海城人，当时任中国经济事业协会理事，是东北政治建设协会发起人之一。雷洁琼，一九〇五年生，广东台山人，当时任中国民主促进会理事、东吴大学教授。陈震中，一九二六年生，浙江海宁人，当时是圣约翰大学学生、上海市学生会团体联合会主席。陈立复（一九二四——一九九四），江苏镇江人，当时是东吴大学学生、东吴大学学生自治会主席。

〔**3**〕一九四六年六月中旬，由上海的民主党派、工人、学生等五十多个团体参加的上海人民团体联合会，发表反内战、要和平的宣言，并发起组织上海人民和平请愿团，推举马叙伦等十人为代表，赴南京向国民党政府请愿。代表们于六月二十三日傍晚抵达南京下关车站时，遭到国民党特务、暴徒的纠缠、辱骂和殴打，马叙伦、阎宝航、雷洁琼、陈震中及新闻记者数人被打伤。这个事件被称为“下关惨案”。

# 国民党大打后晋察冀军区的基本任务

（一九四六年六月二十八日）

聂萧刘罗〔1〕，并告子华〔2〕：

二十六电〔3〕悉。

（一）你们战略意见是正确的。

（二）在国民党大打后，你们基本任务是保卫地方与夺取三路四城。

（三）热河〔4〕四个独立旅，冀东、冀中各两个旅，商都两个团及其他地方部队，均为保卫地方之用。在地方保卫战中，在万不得已时，一城一地之暂时得失是不足怪的。

（四）当敌进攻承德时，你们的主力不是保卫承德（因为这将劳而无功），而是乘敌北进，集中杨、杨、郭、赵〔5〕四个纵队及冀中、冀晋全力举行平汉战役，占领从长辛店至石门整个平汉路，相机占领保定、石门两城。

（五）举行平汉战役其利有七：一能集中最大兵力；二能打通冀晋、冀中；三能割断平津左臂；四能锻炼新队伍；五能增加人力物力；六能获得热河、冀东两区之战略配合作用；七是该线夺取后可能巩固。因此希望你们用全力组织平汉战役，于半月内准备完毕，待命攻击。

（六）平汉胜利后，即以主力三个纵队不少于二十团四万人入晋，充当夺取山西之主力，首先配合山西各区，夺取正太、同蒲两线，扫清太原、大同以外一切敌据点，使冀晋、晋绥、吕梁、太行、太岳五区打成一片，然后相机夺取太原、大同。

（七）野战军以萧克为司令员，罗瑞卿为政治委员。

（八）冀热辽方面由程子华、李运昌〔6〕负军事领导之责。

（九）所有对平汉、正太、同蒲三路之进攻，均是攻城战，望立即训练攻城技术，多备黄色炸药，制造黄色炸药之工厂日夜加工。

（十）夺取三路四城（保定、石门、太原、大同）须准备六个月或较多时间，但是必须完成此任务。

（十一）刘、邓〔7〕另有任务，不能以主力配合你们打石门。

（十二）你们意见如何，望告。

（十三）此电阅后即烧毁。

中　央

巳俭

根据毛泽东手稿刊印。

## 注　　释

〔1〕聂萧刘罗，指聂荣臻、萧克、刘澜涛、罗瑞卿，当时分别任晋察冀军区司令员兼政治委员、副司令员、副政治委员和副政治委员兼政治部主任。

〔2〕子华，即程子华（一九〇五——一九九一），山西解县（今属运城市）人。当时任冀热辽军区司令员兼政治委员。

〔3〕指聂荣臻、萧克、刘澜涛、罗瑞卿一九四六年六月二十六日给中共中央军委的电报。电报说：我们完全同意中央之战略方针，即先消灭阎锡山，控制山西高原，使晋绥、晋西北、晋冀鲁豫三区连成一片，解放出许多兵力对付东面敌人之机动作战。但我各区在兵力分布上，则恰与这一方针相反。因此我须取东防西攻之方针，尽量抽出可能抽出之兵力，集中使用于主要方面，方可实现大兵团运动战之歼敌计划。

〔4〕指热河军区，属冀热辽军区。

〔5〕杨，指杨得志，当时任晋察冀军区第一纵队司令员。杨，指杨成武，一九一四年生，福建长汀人，当时任晋察冀军区第三纵队司令员。郭，指郭天民（一九〇五——一九七〇），湖北黄安（今红安）人，当时任晋察冀军区第二纵队司令员。赵，指赵尔陆，当时任晋察冀军区冀晋纵队司令员。

〔6〕李运昌，当时任冀热辽军区副司令员。

〔7〕刘、邓，指刘伯承、邓小平，当时分别任晋冀鲁豫军区司令员和政治委员。

# 反动派的企图终究要失败[1]

（一九四六年六月三十日、七月七日）

## 一

弼时[2]同志并告乔木[3]同志：

请考虑“七七”发表宣言，以便动员全国人民反对反动派的进攻。此宣言首述日本投降后本党发表宣言[4]，主张和平建国；继述双十协定[5]及内战；继述政协表现光明；继述较场口[6]以来中国反动派在全国范围内向解放区及人民大众的进攻及人民应取之方针。全文应说明外国反动派与中国反动派合作，要将中国变为殖民地，中国人民的任务仍是争独立争民主为中心；应表明我党坚决反内战；应说历史不会开倒车，反动派的企图终要失败。请乔木执笔。

毛　泽　东

六月三十日

## 二

目前中国反动派的猖獗，不是表示他们的强大和有生命力，而是表示他们的软弱和回光返照。任何国家的法西斯统治，都具有这种性质，中国不能是例外。法西斯主义是最丑恶的，而又是最软弱与最无生命力的。因此，中国反动派要想消灭人民的力量，实现永久的法西斯统治是做不到的与不可能的。

## 三

全国同胞应该懂得，中外反动派的反动企图是可以被打败的。我们一定要打败中外反动派的一切反动企图，我们一定要实现独立、和平与民主，我们一定要实现停战令〔7〕、政协决议〔8〕与整军方案〔9〕。凡愿意实现这些的，不论什么人，我们就表示欢迎。凡属反对这些的，不论什么人，我们就表示反对。全国同胞们，我们的要求是这样的合理，我们的事业是这样的具备正义性，那末，我们的要求是一定要实现，我们的事业是一定要胜利的。

根据毛泽东手稿刊印。

## 注　释

〔1〕本篇一是毛泽东关于纪念“七七”九周年宣言起草要点给任弼时并告胡乔木的信。本篇二、三是毛泽东修改宣言稿时加写的两段话。

〔2〕弼时，即任弼时（一九〇四——一九五〇），湖南湘阴塾塘乡（今属汨罗市）人。当时任中共中央书记处书记。

〔3〕乔木，即胡乔木（一九一二——一九九二），江苏盐城人。当时任毛泽东的秘书。

〔4〕指一九四五年八月二十五日《中共中央对目前时局宣言》。

〔5〕双十协定，即国共双方代表一九四五年十月十日签订的会谈纪要。见本卷第42页注〔2〕。

〔6〕较场口，指较场口事件。一九四六年二月十日，重庆各界二十多个团体的群众在较场口广场举行庆祝政治协商会议成功大会，国民党特务捣乱会场，打伤李公朴、郭沫若及新闻记者等六十多人。

〔7〕停战令，指一九四六年一月十日公布的中共代表和国民党政府代表签订的关于停止军事冲突的协定。这个协定规定双方军队应在一月十三日午夜就各自位置上停止军事行动。但是蒋介石实际上只是利用这个停战协定掩护他布置大战，在停战令下达的同时，密令国民党军队“抢占战略要点”，接着又不断地调动军队，向解放区进攻。六月下旬，蒋介石公开撕毁了停战协定，向解放区发动全面进攻。

〔8〕政协决议，指由国民党、共产党、其他党派和无党派人士的代表一九四六年一月十日至三十一日在重庆举行的政治协商会议通过的五项议案：(一)关于政府组织问题的协议。(二)和平建国纲领。(三)关于国民大会问题的协议。(四)关于宪法草案问题的协议。(五)关于军事问题的协议。政治协商会议的这些协议，在各种不同程度上有利于人民而不利于蒋介石的反动统治。蒋介石一面口头上表示承认这些协议，另一面积极准备发动全国规模的内战。政治协商会议的这些协议，不久都被蒋介石一一撕毁。

〔9〕整军方案，指政治协商会议关于军事问题的协议。这个协议提出“军队制度应依我国民主政制与国情实行改革”，“改善征兵制度”，“军队教育应依建军原则办理，永远超出于党派系统及个人关系之外”，“实行军党分立”，“实行军民分治”等原则，还对国民党军队和解放区军队的整编作出了规定。

# “七七”宣言〔1〕发表后应采取的策略方针

（一九四六年七月六日）

各局及周叶伍〔2〕：

中央“七七”宣言尖锐批评美国及中国反动派，唤起国人起来救国，足以振奋人民意志，置反动派于困难地位，以便在人民面前孤立他们。但同时指出，加强对美国民主人士之联系，主张国内开各党派在内的政治协商会议，不论何人，只要赞成政协者均表欢迎。因此，各地对北平执行部及各小组仍应照前指示〔3〕尊重国、美两方代表，并注意拉拢美国一切人员。对马歇尔〔4〕不要公开说他好，也不要公开说他不好，在谈判中仍须经过他来缓和局面。对各地美军，仍应避免冲突；对国民党军队，则看彼方态度，彼打我亦打，彼停我亦停。对谈判，我党已有所让步，但国民党贪得无厌，提出很多无理要求，应予拒绝。美国反动派与中国反动派面前均有许多困难，我们对于他们的困难条件应当有足够估计，以便利用他们的困难进行坚决的但是适当的斗争，争取时局好转。若干中间人士必以为我们宣言所取态度太强硬，应向他们解释：美国和中国反动派均利用人民对他们的丑恶行为认识模糊，欺压人民，从中取利;我们应当尖锐揭穿,方能使彼辈在人民面前孤立起来,方能打退其进攻。

中　央

午鱼

根据毛泽东手稿刊印。

## 注　　释

〔1〕指《中国共产党中央委员会为纪念"七七"九周年宣言》。宣言呼吁:(一)立即重行发布全国(包括东北)无例外无条件无限期地停止冲突、停止运兵、停止建立工事、停止征兵的命令。(二)重开政治协商会议,改组国民党一党专政的政府为民主联合政府。(三)复员裁兵,废除军阀制度。(四)美国政府停止武装干涉中国内政,停止助长中国内战,停止派遣军事顾问团,立即自动撤退一切在华陆海空军。

〔2〕周,指周恩来。叶,指叶剑英,当时任军事调处执行部中共方面的代表。伍,指伍修权,当时任北平军事调处执行部第二十七执行小组中共方面参谋长。

〔3〕指中共中央一九四六年六月二十二日给各中央局的电报。见本卷第130—131页。

〔4〕马歇尔,美国民主党人。一九四五年十二月被美国总统派任驻华特使,以"调处"为名,参与国共谈判。一九四六年八月宣布"调处"失败,不久返回美国。

# 对付美蒋的主要政策不是让步而是斗争

（一九四六年七月六日）

李、黄〔1〕：

时局分析电〔2〕收到。你们分析中许多观点是合乎实际的，是好的，但缺点是对美帝国主义及蒋介石的困难条件估计不足，同时对国际国内人民民主力量所具备的顺利条件也估计不足。第二次大战后，各国革命力量所处的地位是比第一次大战后要好得多，而不是要差些。对美蒋的压力与要求，我们应当有所让步，但主要的政策不是让步而是斗争。如果我党既有相当的让步，而对其无理压迫与无理要求又能出以坚决的斗争，则其结果比较付出更多更大的让步反而要好些；如无坚决斗争精神，则结果将极坏。

毛　泽　东

午鱼

根据手稿刊印。

## 注　释

〔1〕李，指李富春（一九〇〇——一九七五），湖南长沙人，当时任东北民主联军西满军区政治委员。黄，指黄克诚，当时任东北民主联军西满军区司令员。

〔2〕指李富春、黄克诚一九四六年六月二十八日给中共中央的电报。电报说：第二次世界大战中，全世界各国人民的势力有了大的发展，以美国为中心的帝国主义与以苏联为中心的人民势力的矛盾更加尖锐了。但战后的人民力量并没能形成大规模的像第一次世界大战后的解放运动，帝国主义也未发生像那时的严重危机。在中国八年抗战中，人民的势力也得到空前的发展与壮大，中国整个反革命势力在抗战中是削弱了，但反革命的中心势力蒋介石的力量在战后则是加强了。基于上述分析，党的方针是力求保存力量，等待时机。具体办法是：需让步以达和平，需拖延以待时机，需坚决打下去以分胜负。目前已到和战最后关头。估计蒋介石不会因我们让步放下屠刀，这样则不如采取坚决打下去的方针。这个方针也危险，胜利把握不大，但如打得好可能打打停停，可以长期坚持以待国内外的根本变化。

# 关于学习和宣传中央“七七”宣言[1]的通知

（一九四六年七月八日）

各局，转各省委、区党委：

（一）中央“七七”宣言应在党内开展讨论，团结全党同志执行中央路线，将党内一部分同志中存在的悲观失望情绪根本扫除。

（二）引导党外人士在座谈会中讨论时局，争取他们同意我党主张，团结一切进步分子及中间派和我党一致行动。

（三）将宣言中各项要点在报纸刊物上作文发挥或作讲演，例如，美国反动派与中国反动派互相勾结危害中国；一切反动派进攻必须打败与能够打败；中国法西斯猖獗不是表示他们强大与有生命力，而是表示他们软弱与回光返照；国际国内民主力量发展壮大足以打败一切反动派；宣言中四项要求的重要性与必须实现；一部分人对国际与中国光明前途认识不足是错误的；爱国主义的统一战线之重要性；团结一切美国民主人士之重要性等。

（四）将宣言印成单张，向大城市及国民党军队广为散发。

中　宣　部

午齐

根据毛泽东手稿刊印。

## 注　　释

〔1〕指《中国共产党中央委员会为纪念“七七”九周年宣言》。

# 对东北局关于东北形势及任务决议[1]的修改意见

（一九四六年七月十一日）

林彪[2]同志：

关于东北形势及任务决议，提议作如下之修改：

（一）第一段改写如下：去年八月，英勇的苏联红军来到中国，进攻日本侵略者，我东北民主联军与东北人民配合红军作战，消灭日寇与伪满，替东北人民开辟了自由生活的道路。我党在东北，从日寇侵入之日起，即领导东北人民组织抗日义勇军，反对了蒋介石的不抵抗主义，进行了长期英勇斗争。对日反攻以后，我党更从关内派遣大批军队与大批干部至东北，帮助东北人民创造了广大的东北解放区。但是，丧失东北有罪、收复东北无功的蒋介石，在美国反动派援助之下，违背和平约言，大举进攻东北解放区。我东北民主联军与东北人民，从去年十一月山海关战役[3]起，至今年六月七日两军停战这一时期内，举行了英勇坚决的自卫战争。目前双方虽尚在停战状态，但战争仍有再爆发之可能。东北广大地区的群众工作与土地问题的解决，尚处在开始阶段，我农村根据地尚不巩固，我干部中尚有许多人不认识深入农村从事长期艰苦斗争以建立根据地的必要与重要性。目前国际国内形势有利于我党建立东北根据地与粉碎蒋军可能的再进攻，但是必须承认自己的弱点与克服这些弱点，方能达到目的。

（二）第二段甲项，提议作如下之修改：克服和战问题上的混乱思想，准备以长期艰苦斗争取得和平。目前英美矛盾增长，美国内部矛盾又极严重，蒋介石在全国范围说来仍感兵力不敷分配，且人心不顺，经济困难，尤其重要的是我党我军的力量强大与坚决斗争。因此，迫使蒋介石不得不于十五天及八天停战期满后，又宣布无限期停战〔4〕。在某些蒋军力量不足地区，停战对于蒋军亦属有利，但在蒋军力量充足地区，例如对中原区，对胶济路，蒋介石已经发动大打，对苏皖，有很快大打可能。对东北，目前蒋军兵力不足，利于停战，但如增兵到来，便有极大可能向我再进攻。蒋介石在此次南京谈判〔5〕中，除允许给我兴安省、新黑龙江省及嫩江省〔6〕一部与延吉地区外，其余均要接收，不但要占点，而且要占面，此为我方所绝不能接受者。与其不战而失如此广大地方，将来不能收复，不如战而失地，将来还可收复。况且战的结果，除若干城市要道还可能失去外，我亦有粉碎蒋军进攻收回许多失地之极大可能。因此，全党必须下最大决心，努力准备一切条件，粉碎蒋军进攻，以战争的胜利去取得和平。一切游移不定及侥幸取得和平的想法，都应扫除干净。在这个一心一意准备以长期艰苦斗争去取得和平的总方针下，我们的方法，就是从战争、从群众工作、从解决土地问题改善人民生活，从其他一切努力，去增加革命力量，减少反动力量，使双方力量对比发生于我有利的变化。其中最重要的是充分发动群众，使我党与人民密切结合起来。只要广大人民的力量增加到我们方面，就会使敌我力量发生有利于我的变化，建立巩固根据地，使敌人无法战胜我们。总之，和平是必须取得与能够取得的，但主要应依赖自力而不应依赖外力。只有自力更生，自立自强，自己有办法，自己立于不败之地，然后国际与国内各方助我力量，方能发生作用，才是可靠地取得和平，否则就是不可靠的，是危险的。

（三）乙项，删去“展开背靠朝鲜、苏联、外蒙、热河〔7〕的根据地”一句。

（四）丙项，斗争和战争目的，应先说为保卫解放区而斗争，东北人民已经从日伪统治下解放出来，建立了自己的自由生活的解放区。但是，中国反动派在外国反动派援助之下向我解放区进攻，我东北民主联军与东北人民不能不举行自卫战，因为不自卫就灭亡，所以自卫战是完全正当与必须的。然后再说到为经济上、政治上、军事上的民主而斗争及其具体内容。阶级斗争口号不要提。

（五）其他各部分均同意。

中　央
午真

根据毛泽东手稿刊印。

## 注　　释

〔1〕一九四六年七月初，中共中央东北局在哈尔滨召开扩大会议，分析国内外和东北的形势，总结一年来创建根据地和阻止国民党军进攻的经验教训，统一对敌强我弱形势、和与战、城市与乡村以及作战方针等问题的认识。五日，东北局

将由陈云起草的《东北的形势和任务》决议稿，报请中共中央审批。

〔2〕林彪，当时任中共中央东北局书记、东北民主联军总司令兼政治委员。

〔3〕一九四五年十一月一日，由秦皇岛登陆的国民党军向山海关发动突然袭击。守卫山海关的冀热辽军区部队和从山东调赴东北的部队进行自卫还击，十一月十六日撤出山海关，退守绥中。

〔4〕根据美国总统特使马歇尔的提议，国共双方经过磋商，于一九四六年六月六日分别发表了自六月七日十二时起在东北休战十五天进行谈判的声明。二十一日，蒋介石宣布东北休战延长至三十日。六月三十日停战时限再次期满后，蒋介石在各方面的压力和坚决斗争下又宣布在东北无限期停战。

〔5〕指一九四六年六月十日至七月十日期间国共双方在南京举行关于结束东北冲突、恢复交通、整编军队三个问题的谈判。

〔6〕兴安省、新黑龙江省、嫩江省，是国民党政府于日本投降后在东北新划定的省份。当时国民党政府将东北划为九省，兴安省、新黑龙江省及嫩江省所辖范围为今内蒙古自治区东北部和黑龙江省西部。

〔7〕热河，即热河省，见本卷第10页注〔3〕。

# 注意加强部队纪律教育

（一九四六年七月十二日）

各局，转各部队首长：

任何部队，在每一次行动前，必须进行一次公开的全体的纪律教育，并以按照当前具体情况应当注意的具体事项，在不泄露机密的条件下，明确地告诉一切指战员，方能于行动时使一切指战员遵守政治纪律，给人民以良好影响。近来仍有部分部队，由于事先忘记进行此项教育，或在进行此项教育时未采取认真的严肃的态度，或以为过去进行过此项教育，在新的行动时不必再做，或仅使少数人知道，未能由部队首长举行全体讲话，以致在进入城市时发生破坏纪律之事，实属不好。望各部队首长责成政治机关对此予以检讨，加强一切部队的纪律教育，是为至要。

中　央

午文

根据毛泽东手稿刊印。

# 中原军以机动灵活之行动在外线牵制敌人

（一九四六年七月十三日）

郑、李〔1〕：

（一）蒋介石决心大打，其计划是先攻苏皖，后攻华北，并企图消灭我中原军。其攻苏皖之计划定于数日内行动，分为三路，一路由徐州向南，一路由津浦向东，一路由江北向北，同时向我苏皖边区进攻，总兵力在二十师以上。

（二）我党决心粉碎反动派的进攻，争取胜利，取得和平。

（三）我中原军之任务是以机动灵活之行动，在鄂、豫、皖、川、陕广大地境内，在外线牵制反动派大量军队，帮助我内线作战部队取得胜利，是为作战之第一阶段；然后我内线部队渡淮向南，与中原军会合，夺取信阳、大别山、安庆之线，是为第二阶段。

（四）上述计划务守秘密。

（五）此电阅后即毁。

（六）你们行动计划望告。

中　央

午元

根据毛泽东手稿刊印。

## 注　　释

〔1〕郑、李，指郑位三、李先念，当时分别任中原军区政治委员和司令员。

# 给李公朴、闻一多[1]家属的唁电

（一九四六年七月十三日、十七日）

## 一

昆明探转李公朴夫人张曼筠女士：

惊悉李公朴先生为反动派狙击逝世，无任悲愤！先生尽瘁救国事业与进步文化事业，威武不屈，富贵不淫，今为和平民主而遭反动派毒手，是为全国人民之损失，抑亦为先生不朽之光荣。全国人民必将以先生之死为警钟，奋起救国，即以自救。肃电致唁。

毛泽东　朱德

午元

## 二

昆明国立西南联大请转闻一多先生家属：

惊悉一多先生遇害，至深哀悼。先生为民主而奋斗，不屈不挠，可敬可佩。今遭奸人毒手，全国志士必将继先生遗志，再接再厉，务使民主事业克底于成。特电致唁。

毛泽东　朱德

午篠

根据一九四六年七月十五日、十九日《解放日报》刊印。

## 注　　释

〔1〕李公朴（一九〇〇——一九四六），江苏扬州人，一九四六年七月十一日在昆明被国民党特务暗杀。遇害前任中国民主同盟中央执行委员。闻一多（一八九九——一九四六），湖北浠水人，一九四六年七月十五日在昆明被国民党特务暗杀。遇害前任昆明西南联合大学教授、中国民主同盟中央执行委员。

# 中原军的战略任务是在敌后创立根据地

（一九四六年七月十五日）

中原局：

胡宗南[1]有强兵节节堵击，北上很难通过，且牵制大批敌军在敌后创立根据地是我中原军的光荣战略任务，因此我中原军全部应遵中央午文电[2]在鄂、豫、皖、川、陕五省境内进行机动灵活之作战，摧毁国民党统治机构，牵制国民党大批军队配合我华北、华中主力之作战。目前为避免和胡宗南、刘峙[3]两路大军作战，并取得休息时间起见，你们可南入巴山，进一步占领通南巴[4]及川东北广大地区，创造根据地；我王刘[5]纵队则在鄂西创造根据地；皮徐[6]则活动于皖西及其附近；原路东、路西根据地[7]留下之部队则坚持原地区。将来你们还应准备派一部向大西南发展。总之为着根本破坏蒋介石以重兵进攻东北、华北、华中、中原之反动计划，并发展解放区至中原及长江上游，我党必须采取午文电计划及本电所述之部署。你们意见如何速告。

中 央

午删

根据毛泽东手稿刊印。

## 注 释

〔1〕胡宗南，当时任国民党军第一战区司令长官。

〔2〕应为午元电，即中共中央一九四六年七月十三日给中原军区郑位三、李先念的电报。见本卷第155页。

〔3〕刘峙（一八九二——一九七一），江西吉安人。当时任国民党军郑州绥靖公署主任。

〔4〕通南巴，指四川通江、南江和巴中。

〔5〕王，指王树声，当时任中原军区第一纵队司令员。刘，指刘子久（一九〇一——一九八八），山东广饶人，当时任中原军区第一纵队副政治委员。

〔6〕皮，指皮定均（一九一四——一九七六），安徽金寨人，当时任中原军区第一纵队第一旅旅长。徐，指徐子荣（一九〇七——一九六九），河南确山人，当时任中原军区第一纵队第一旅政治委员。

〔7〕指平汉铁路（今京广线北京至武汉段）以东和以西的原中原解放区。

# 中原军胜利突围的意义

（一九四六年七月十五日）

郑李戴[1]并告王震[2]：

（一）十五日电[3]悉。你们休息两天很好。

（二）进到山阳、柞水、镇安地区时，既是山地，又两面无敌，应多休息几天，完全恢复疲劳。应考虑在陕南是否可能给追兵以打击，歼灭其几部分，并考虑是否可能在陕南建立临时根据地，以便顿住一时期，然后留小部在陕南游击，主力渡汉水占领通南巴[4]，开展新局面。

（三）你们尽可能多休息，敌人无奈你们何。

（四）王刘[5]过襄河后，十五旅至流水沟被七十五军之第六师追上未能过去，现沿襄河东岸北上，进至宜城东北耿家集、新街地区，该旅虽与第六师作战，但损失很小（据敌人反映）。

（五）整个突围战役是胜利的，敌人毫无所得。你们这一行动已调动程潜、刘峙、胡宗南[6]三部力量，给反动派以极大震动与困难，故你们的行动关系全局甚大。

（六）西安息，一战区政治部主任顾希平、警备司令赵才标在宴会上说：李先念之企图系占据陕南，控制关中，响应陕北，进展甚速，威胁甚大，国军预计在两礼拜内进攻陕北，现已被破坏等语，足见你们对大局帮助之大。

军　委

午删亥

根据毛泽东手稿刊印。

## 注　　释

〔1〕郑李戴，指郑位三、李先念、戴季英，当时分别任中原军区政治委员、司令员和第一纵队政治委员。

〔2〕王震，当时任中原军区副司令员兼参谋长。

〔3〕指郑位三、李先念一九四六年七月十五日给中共中央军委及各路突围部队的电报。电报说：我北路军除损失三百人外，已全部渡过丹江，进到淅川以西；右纵王震部已进到荆紫关河南岸宿营，决定再休息两天后西进。

〔4〕通南巴，指四川通江、南江和巴中。

〔5〕王刘，指王树声、刘子久，当时分别任中原军区第一纵队司令员和副政治委员。

〔6〕程潜（一八八二——一九六八），湖南醴陵人，当时任国民党政府军事委员会武汉行营主任。刘峙，当时任国民党军郑州绥靖公署主任。胡宗南，当时任国民党军第一战区司令长官。

# 学习陈赓[1]部集中主力各个歼敌的作战方法[2]

（一九四六年七月十六日）

各局、各军区转各师各纵首长：

据陈赓十四日辰电称：我纵主力昨（十三日）晚对闻喜方面向我进攻之顽军右翼进行各个击破，经五小时夜战，消灭顽十一旅两个团。据不完全统计，我缴获山炮四门、迫击炮七门、重机枪八挺、步枪五百余支、轻机枪三十余挺，俘顽千余名，我伤亡甚少。现正进行第二步战斗，继续歼灭该顽。又据陈赓十五日辰电称：闻喜第二次作战系在十四日夜，彻夜激战，结果我缴获山炮六门、平射炮二门、迫击炮十一门、小炮二门、重机枪八挺、轻机枪数十挺、步枪五百余，俘虏七百余，我军士气高涨，准备继续作战等语。此次阎[3]军万余，胡宗南[4]第一、第二十七两军五万余向我晋南解放区进攻。我陈赓纵队现已开始作战，采取集中主力打敌一部、各个击破之方针，取得两次胜利。我各地作战亦应采取此种方法，每次集中大力打敌一部，其比例应为三对一，最好是四对一，以求必胜，各个击破敌人。望将此种战法普遍教育团级以上将领,是为至要。

军 委

根据中央档案馆保存的铅印件刊印。

## 注 释

〔1〕陈赓,当时任晋冀鲁豫野战军第四纵队司令员。

〔2〕这是毛泽东为中共中央军委起草的给中央各局、各军区的电报。

〔3〕阎,指阎锡山,当时任国民党军第二战区司令长官。

〔4〕胡宗南,当时任国民党军第一战区司令长官。

# 在鄂西鄂北豫南灵活作战建立根据地

（一九四六年七月二十四日）

王刘张〔1〕，并告郑李戴王〔2〕：

（一）庆祝你们粉碎敌一个团又六个连的大胜利〔3〕。

（二）你们任务是在长江以北、襄河以西以南广大区域内实行机动灵活之作战，各个歼灭敌人，发动民众，建立根据地。这一任务必须说服全体指战员坚决执行。必须逐步转变向华北归队及向郑、李会合的思想，因为敌人重重阻碍不许可你们这样做。只要你们善于作战，再打几个二十一日那样的胜仗（集中优势兵力，每次歼灭敌一营一团，各个击破），只要你们能解决军民关系，你们就能够建立根据地。

（三）闵、张、吴〔4〕之任务是在襄河以东、平汉以西即原江汉军区地境建立根据地，和郑、李、王及你们互相呼应。该部现到豫西南，敌三个旅正由郑、李后尾回头向东对付该部，因此该部亦应回头向南到襄河、平汉之间，以团为单位，划分地区，分散活动。该部亦应转变向北归队及向西与郑、李会合之思想，因为敌情不允许。该部和你们也不要会合，因为分开活动互相呼应比较集中一处为有利。此电请转给闵、张、吴。

(四)请郑、李指示黄霖[5]仍回豫南桐柏地区建立根据地。

(五)必须灵活使用化整为零、化零为整之策略,必须善于欺骗敌人,诱其分散,各个击破之。

(六)现华中、华北我军正大举反攻敌人,在他们取得胜利后,我中原军局面亦可能改善。

军　委

午敬

根据毛泽东手稿刊印。

## 注　释

〔1〕王、刘,指王树声、刘子久,当时分别任中原军区第一纵队司令员和副政治委员。张,指张才千(一九一一——一九九四),湖北麻城人,当时任中原军区第一纵队参谋长。

〔2〕郑、李,指郑位三、李先念,当时分别任中原军区政治委员和司令员。戴,指戴季英,当时任中原军区第一纵队政治委员,随中原军区机关行动。王,指王震,当时任中原军区副司令员兼参谋长。

〔3〕指一九四六年七月二十一日中原军区第一纵队在湖北谷城县石花街地区击溃国民党军整编第六十六师第一八五旅第五五三团和整编第十五师第六十四旅第一五三团共六个连的战斗。

〔4〕闵,指闵学胜,一九一四年生,湖北黄安(今红安)人,当时任中原军区第一纵队第三旅旅长。张,指张忠(一九一二——一九八二),安徽六安人,当时任中原军区第一纵队第三旅副旅长。吴,指吴钊统,一九一三年生,河南信阳人,当时任中原军区第一纵队第三旅副政治委员。

〔5〕黄霖(一九一三——一九八六),湖南浏阳人。当时任河南军区司令员兼政治委员。

# 宁可丧失一些地方 不可勉强作战

（一九四六年七月三十日）

张、邓、粟[1]：

在我军主力未获充分补充休息恢复疲劳以前，及敌未进至有利于我之地形条件以前，宁可丧失一些地方，不可举行勉强的无把握的作战。此次粟部歼敌二万[2]，打得很好，今后作战亦不要过于性急，总以打胜仗为原则。敌以十万大军向我进攻，我损失若干地方是不可免的。你们应有对付恶劣环境之精神与组织准备。

军　委

午三十

根据毛泽东手稿刊印。

## 注　　释

〔1〕张，指张鼎丞（一八九八——一九八一），福建永定人，当时任华中军区司令员。邓，指邓子恢（一八九六——一九七二），福建龙岩人，当时任华中军区政治委员。粟，指粟裕，当时任华中军区副司令员。

〔2〕指华中野战军一九四六年七月进行的宣家堡、泰兴战斗和如(皋)南战斗,两次战斗共歼灭国民党军一万三千余人。

# 苏中各分散之敌利于我各个击破

（一九四六年八月十三日）

粟谭〔1〕，并告陈宋〔2〕：

十二日电悉。部署歼灭九十九旅及六十五师一部，甚好甚慰。苏中各分散之敌利于我各个击破，望再布置几次作战。即如交通总队〔3〕，凡能歼灭者一概歼灭之。你们如能彻底粉碎苏中蒋军之进攻，对全局将有极大影响。惟希注意：（一）告诫部属，切勿骄傲，每次作战，均须精心计划，充分准备，不要轻敌。（二）适当休整部队，恢复疲劳，保存元气。

军　委

未元亥

根据毛泽东手稿刊印。

## 注　　释

〔1〕粟、谭，指粟裕、谭震林，当时分别任华中野战军司令员和政治委员。

〔2〕陈，指陈毅，当时任山东野战军司令员兼政治委员。宋，指宋时轮（一九〇七——一九九二），湖南醴陵人，当时任山东野战军参谋长。

〔**3**〕交通总队，即国民党政府的交通警察总队，由戴笠指挥的忠义救国军和国民党军事委员会淞沪别动军（投降日伪后驻上海，改称税警总团）于一九四五年九月经蒋介石批准合编而成，该部配有美制武器，用于华中战场。

# 战役战斗上不要平均使用兵力

（一九四六年八月二十二日）

刘邓〔1〕，并告各首长：

（一）刘、邓马戌〔2〕电悉。庆祝你们歼敌两个师的大胜利〔3〕。

（二）望集中主力至少十八个团于路北休整，补充新兵，以利再战。

（三）大战方开始，你们必须准备在三四个月内打七八个大仗，一切补充休整应以此为目标。

（四）凡无把握之仗不要打，打则必胜；凡与顽正规军作战，每战必须以优势兵力加于敌人，其比例最好是四比一（四千人打一千人，四万人打一万人），至少是三比一，歼其一部，再打另一部，再打第三部，各个击破之。望以此教育干部，克服战役上及战斗上平均用力、普遍求胜之轻敌观念（此观念在许多干部中是存在的）。

军　委

未养

根据毛泽东手稿刊印。

## 注　　释

〔**1**〕刘邓，指刘伯承、邓小平，当时分别任晋冀鲁豫野战军司令员和政治委员。

〔**2**〕马戌，即二十一日戌时。

〔**3**〕指晋冀鲁豫野战军一九四六年八月十日至二十二日进行的陇海路战役。此役歼灭国民党军整编第五十五师一个半旅和第六十八师一部。

# 陕南豫西鄂西各部应彻底分散控制广大地区

（一九四六年八月二十三日）

李、戴、文、任〔1〕：

我刘邓〔2〕军又打了胜仗，未马〔3〕在民权以南歼敌一个旅全部及又一旅之一个团，至此，未灰〔4〕至未马共歼敌两个正规旅五个保安团，又伪军四千余反正。刘峙〔5〕仓卒调兵应战，除从陕南、豫西南调去七个旅，又从鄂西及鄂中调去七十五师两个旅，留在鄂西的只有六十六师之一八五旅。请告王刘、罗文〔6〕彻底分散，依靠民众，坚决创造根据地。你们方面凡未能分散游击的如黄霖、闵学胜〔7〕等部，应令其迅速彻底分散。总之，我陕南、豫西、鄂西各部乘此时机，部队越分散越好，控制的地方越广大越好。给养被服可用此法解决，疲劳体力可用此法恢复，民众武装可用此法培植（只有培植了民众武装才算生根）。望指导各部坚决实行为要。位三〔8〕在何处，身体如何，望告。

中　央

二十三

根据毛泽东手稿刊印。

## 注　释

〔1〕李，指李先念，当时任中原军区司令员。戴，指戴季英，当时任中原军区第一纵队政治委员。文，指文建武（一九一一——一九五一），安徽金寨人，当时任中原军区第二纵队司令员。任，指任质斌，一九一五年生，山东即墨人，当时任中原军区第二纵队政治委员。

〔2〕刘邓，指刘伯承、邓小平，当时分别任晋冀鲁豫野战军司令员和政治委员。

〔3〕未马，即八月二十一日。

〔4〕未灰，即八月十日。

〔5〕刘峙，当时任国民党军郑州绥靖公署主任。

〔6〕王刘，指王树声、刘子久，当时分别任中原军区第一纵队司令员和副政治委员。罗，指罗厚福（一九〇九——一九七五），湖北黄安（今红安）人，当时任江汉军区司令员。文，指文敏生，一九一五年生，山西垣曲人，当时任江汉军区政治委员。王树声、刘子久、罗厚福、文敏生等当时正在筹建鄂西北军区。

〔7〕黄霖、闵学胜，当时分别任豫鄂陕军区第四军分区政治委员和司令员。

〔8〕位三，即郑位三，当时任中共中央中原局代理书记兼中原军区政治委员。

# 华中野战军的作战经验

（一九四六年八月二十八日）

各首长：

据粟裕、谭震林[1]未感[2]电称：我军于二十六日在如皋西南地区歼灭六十九师之九十九旅后，又于二十七日在上述地区歼灭由如皋来援之敌六十五师（粤系）之一八七旅及七十九师一个团。总计两日战斗，将敌一万五千人全部解决，除毙伤外，俘虏近万人。第二次由如皋增援之一个团亦被歼一半。我军略加休整，以利再战，等情。我粟谭军从午元[3]至未感一个半月内，作战六次[4]，歼敌六个半旅及交通总队[5]五千，造成辉煌战果。而我军主力只有十五个团，但这十五个团是很充实与很有战斗力的，没有采取平均主义的补充方法。每战集中绝对优势兵力打敌一部（例如未宥[6]集中十个团打敌两个团，未感集中十五个团打敌三个团），故战无不胜，士气甚高；缴获甚多，故装备优良；凭借解放区作战，故补充便利；加上指挥正确，既灵活，又勇敢，故能取得伟大胜利。这一经验是很好的经验，希望各区仿照办理，并望转知所属一体注意。

军　委

未俭

根据毛泽东手稿刊印。

## 注　　释

〔1〕粟裕、谭震林，当时分别任华中野战军司令员和政治委员。

〔2〕未感，即八月二十七日。

〔3〕午元，即七月十三日。

〔4〕一九四六年七月十三日至八月三十一日，由粟裕、谭震林指挥的华中野战军依托苏中解放区，连续作战七次，先后歼灭国民党军一个整编师师部、六个旅、一个团和五个交通大队，共五万三千七百余人，被誉为“七战七捷”。毛泽东写这个电报时，尚未收到华中野战军关于邵伯保卫战的报告，故电报中说作战六次。

〔5〕交通总队，见本卷第170页注〔3〕。

〔6〕未宥，即八月二十六日。

# 山东华中的歼敌方针

（一九四六年八月二十九日）

陈，张黎，张邓，粟谭[1]，并转各区党委，各师各纵首长：

鲁中九师攻击文祖、埠村获胜[2]，鲁中警备旅攻击危家庄获胜[3]，望传令嘉奖。即使是小胜仗，亦足以长人民之志气，灭敌人之威风，故应当奖励。鼓励一切正规军、地方军及民兵发挥积极性，多打胜仗，各个击破与大量歼灭敌人。要告诉山东及华中全党全军，必须大量歼灭王耀武[4]（十四个旅）、薛岳[5]（三十五个旅）、汤恩伯[6]（十五个旅）三部之正规军，方能解决问题。胶济我军及鲁南、苏北我军对王耀武、薛岳两部应各以歼灭三分之一（即五个旅与十二个旅）为第一步目标。苏中我军已于过去一个半月中（午元至未感[7]）歼敌正规军六个半旅、交通警察[8]五千，已接近歼敌二分之一，今后应以歼敌十分之八至十分之九为目标。歼敌方法，是集中大力打敌一部，例如：苏北午感鱼沟战役[9]集中十二个团（实际使用七个团）歼敌九十二旅两个团，苏中未宥如皋西南战役[10]集中十个团歼敌九十九旅两个团就是好例。这种打法，通全局看来，用力省而成功多，每战必胜，既能全歼，又能速决，必须教育干部普遍采用。野战军补充应有重点，胶济、苏北、苏中三战区各应补充野战军十至十五个主力团，每团二千五百至三千人(国民党有三千余人的大团),给以最好的武器与充足的弹药以为突击力量,勿采平均主义。望本上述战略方针,规划一切。

中　央

未艳

根据毛泽东手稿刊印。

## 注　释

〔1〕陈,指陈毅,当时任山东野战军司令员兼政治委员。张黎,指张云逸、黎玉,当时分别任山东军区第一副司令员和副政治委员。张邓,指张鼎丞、邓子恢,当时分别任华中军区司令员和政治委员。粟谭,指粟裕、谭震林,当时分别任华中野战军司令员和政治委员。

〔2〕一九四六年八月二十四日至二十五日,鲁中军区第四师和第九师集中四倍于敌之兵力远道奔袭山东章丘县文祖、埠村,歼灭国民党军暂编第十五师一个团部、五个营十六个连,并击溃两个团的增援。

〔3〕一九四六年八月二十四日至二十五日,鲁中军区章丘县独立营配合第四师侦察连包围袭扰危山子之敌,章丘武工队并袭击了国民党军暂编第十五师师部。

〔4〕王耀武(一九〇三——一九六八),山东泰安人。当时任国民党军第二绥靖区司令官。

〔5〕薛岳,一八九六年生,广东乐昌人。当时任国民党军徐州绥靖公署主任。

〔6〕汤恩伯(一九〇〇——一九五四),浙江武义人。当时任国民党军徐州绥靖公署副主任兼第一绥靖区司令官。

〔7〕午元至未感,即七月十三日至八月二十七日。

〔8〕交通警察,指交通警察总队,见本卷第170页注〔3〕。

〔9〕鱼沟战役,也称朝阳集战役。一九四六年七月二十七日至二十九日,山东

野战军以第二纵队等部共十三个团的兵力在安徽灵璧县北部朝阳集、鱼沟地区作战，歼灭国民党军整编第六十九师第九十二旅及第六十旅一部共五千余人。

〔**10**〕如皋西南战役，也称如（皋）黄（桥）路战役。一九四六年八月二十六日，华中野战军集中主力在江苏如皋、黄桥之间的分界地区，以五倍于敌的兵力，歼灭国民党军整编第九十九旅；接着，二十七日又集中十五个团的兵力在分界以东的加力地区歼灭国民党军第一八七旅等部三个团。毛泽东在电报中指的是二十六日的作战。

# 坚决克服归队思想 在敌后创造根据地

（一九四六年九月十日）

区党委[1]各同志，并告中原局：

（一）我们完全同意中原局八日电[2]，以十五旅全部即调陕南，另派一部分力量到大洪山联系当地力量，发展大洪山根据地。这样鄂西、鄂中、陕南成犄角之势，牵制蒋军一大部分力量，协助华北、华中、西北粉碎国民党进攻。这是你们的伟大战略任务，你们应把这一战略任务传达每一指战员，坚决克服归队思想。

（二）蒋军现以十四个旅对付我中原军（包括陕南、鄂西、鄂中、鄂东、皖西），以九十八个旅沿长江下游、津浦南线、新黄河[3]及陇海全线（徐州至天水）向我苏中、淮海、鲁南、豫东、鲁西、晋南及陇东各解放区进攻。从午元至申齐[4]不到两个月内，已有十八个半旅被我歼灭或受我歼灭性之打击。我们计划在今后四至六个月内再歼敌二十个旅左右，便可粉碎此次国民党大举进攻并获得向中原发展之可能性。如果我能再歼敌二十个旅，则我刘邓[5]军必可渡新黄河向南阳、信阳之线发展，我华中军及山东军之一部必可向大别山发展，到那时便可和你们直接配合作战。

(三)因此,坚决克服归队思想,在敌人后方创立几个根据地,立稳脚跟,钳制大量敌人,这是你们的神圣任务。

(四)同时,距离近、部队小还可以冒险归队,像你们这样大部队距离如此之远,勉强归队有拖垮之危险,故万万不可行。

(五)为执行上述战略任务并便于解决衣粮,应照中原局指示,迅调十五旅全部入陕南,再派李人林〔6〕率电台及一个相当大的部队去大洪山。

(六)如果鄂西北衣粮十分困难,除十五旅及陈先瑞〔7〕部决定调陕南、罗文〔8〕全部必须留在鄂西北不能变动外,可考虑王刘〔9〕率一纵主力去大洪山发展根据地,但须估计六十六师全部及七十二师大部将向鄂中进攻之情况。

(七)总之,不论如何是要在敌后创造根据地而不是归队,你们应开展坚决的斗争,反对异常危险的及违背战略任务的归队思想,反对一部分同志在困难中的动摇逃跑。

(八)此电大意你们可通知各分区负责人,但你们及各分区均须阅后即焚毁,不可遗失,对分区以下同志用口头传达。

中　央

申灰

根据毛泽东手稿刊印。

## 注　释

〔1〕指中共鄂西北区委。

〔2〕指中共中央中原局一九四六年九月八日给王树声并鄂西北区党委、中央军委的电报。电报说：留中原军主力在敌后可以起莫大的战略作用。就中原军本身说，只有忍艰刻苦地创造根据地，才能生存与发展。应坚决抛掉北归思想，将十五旅全部立即转移到陕南，以一部渡襄河，东到大洪山，重创大洪山新的局面。我们意见以李人林率电台和一部回大洪山。

〔3〕新黄河，见本卷第46页注〔4〕。

〔4〕午元至申奇，即七月十三日至九月八日。

〔5〕刘邓，指刘伯承、邓小平，当时分别任晋冀鲁豫野战军司令员和政治委员。

〔6〕李人林（一九一四——一九九五），湖北天门人。当时任鄂西北军区第四军分区司令员。

〔7〕陈先瑞，一九一三年生，安徽金寨人。当时任鄂豫陕军区副司令员兼参谋长。

〔8〕罗文，指罗厚福、文敏生，当时分别任鄂西北军区第二副司令员和第二副政治委员。

〔9〕王刘，指王树声、刘子久，当时分别任鄂西北军区司令员兼政治委员和第一副政治委员。

# 关于刘邓[1]军作战经验的通报

（一九四六年九月十三日）

张罗[2]，并告聂，贺，陈宋[3]：

（一）战况如何，甚念。

（二）此次刘邓军五万人打敌第三师两个旅九千人，从三号黄昏打起至六号上午始解决一个旅，引起敌人全线恐慌，另一旅于六号下午突围时，被我以半天时间解决该旅。七号上午四十七师两个旅增援赶到，我又以一天时间解决该两旅。此外尚解决四十一师及七十四旅各一部。[4]这一经验告诉我们：第一，必须集中优于敌人五倍或四倍至少三倍的兵力，首先歼灭敌一个至两个团，振起我军士气，引起敌人恐慌，得手后再歼敌第二部、第三部，各个击破之。切不可贪多务得，分散兵力。此点已屡次电告，不知你们已照此实行否？第二，必须准备打五天至七天，歼灭窜平地泉附近之敌，因要一部分一部分地歼敌，又估计敌人是顽强的，故须准备较多时间对付该敌。假如敌人企图西撤，又当别论。

军　委

十三日十五时

根据毛泽东手稿刊印。

## 注　释

〔1〕刘邓，指刘伯承、邓小平，当时分别任晋冀鲁豫野战军司令员和政治委员。

〔2〕张罗，指张宗逊、罗瑞卿，当时分别任大同前线指挥部司令员和政治委员。

〔3〕聂，指聂荣臻，当时任晋察冀军区司令员兼政治委员。贺，指贺龙，当时任晋绥军区司令员。陈宋，指陈毅、宋时轮，当时分别任山东野战军司令员兼政治委员和参谋长。

〔4〕一九四六年八月下旬，国民党军集中十四个整编师三十二个旅共三十余万人，乘晋冀鲁豫野战军刚刚结束陇海战役之机，由郑州、徐州之线分路进攻鲁西南解放区，企图钳击晋冀鲁豫野战军于定陶、曹县地区。九月三日至六日，晋冀鲁豫野战军在定陶县以西大杨湖、大黄集地区分批歼灭国民党军整编第三师，俘该师中将师长赵锡田。七日，乘胜追歼后撤的国民党军整编第四十七师和四十一师等一部。此役称定陶战役，共歼敌一万七千余人。

# 给陆定一的信[1]

（一九四六年九月二十七日）

定一同志：

文章的写法宜改变，因为在解放区军民中目前的中心问题不是对美蒋的幻想问题，存在这种幻想的时期已经过去了；向军民描写美蒋怎么厉害，怎么凶，这在七月以前是必要的，七月以后则不但不必要，且有副作用了。目前解放区军民心目中的中心问题是能否胜利与如何取得胜利，尤其在失了一些地方之后大家很关心。因此我们的文章与新闻立论之重点，不是说敌人如何压迫，如何凶狠，而是要解释敌人虽有二百师兵力，虽有美国援助，虽已经占去一些地方与还可能占去一些地方，但是有种种条件我军必胜蒋军必败。每遇一次胜利，即写一篇社论鼓励之，证明之；每失一重要地方即写一短文解释之，说只要歼敌，将来可以恢复。以上方针，请加考虑，并与乔木、光生[2]商酌实行。至于为揭破美蒋欺骗，可借进攻张家口事件写文揭发，但归结仍应强调我军必胜，方不泄气。此文可作此项目的之用，但须加以改造。

毛 泽 东

九月二十七日

根据人民出版社一九八三年出版的《毛泽东书信选集》刊印。

## 注 释

〔1〕陆定一（一九〇六——一九九六），江苏无锡人。当时任中共中央委员、中央宣传部部长。

〔2〕乔木，即胡乔木，当时任毛泽东的秘书。光生，即余光生（一九〇六——一九七八），浙江镇海人，当时任《解放日报》总编辑。

# 张家口失陷后晋察冀部队的作战方针

（一九四六年十月十二日）

聂刘萧罗[1]，张宗逊[2]，并转各纵队、各军区首长：

张垣失守[3]后，傅作义[4]部已极端分散，利于我各个歼灭。但目前我仍应以一部在张垣附近钳制傅军，我主力仍在东面原地依原计划歼敌，以期彻底击破东面之敌。我对十六军已给了一个相当严重之打击，如这两天对九十四军又能给以根本打击，则今后只须对五十三军以一二个打击及对十六军再给一二个打击，便可彻底粉碎东面敌人之进攻。然后我军加以休整即可向西打傅。在几个月内完全可能打破东西两面之敌。目前你区敌人进攻，无论傅作义、李宗仁[5]均已达到顶点，其后备已经用尽，我们方面一城一地之得失无关大局，主要任务是歼灭敌人有生力量。望本此方针鼓励士气，团结全党，完成中央给你们的神圣任务。

中　央

酉文

根据毛泽东手稿刊印。

## 注　释

〔1〕聂刘萧罗，指聂荣臻、刘澜涛、萧克、罗瑞卿，当时分别任晋察冀军区司令员兼政治委员、副政治委员、副司令员和副政治委员兼政治部主任。

〔2〕张宗逊，当时任晋绥野战军副司令员。

〔3〕张垣，即张家口，一九四六年十月十一日被国民党军傅作义部占领。

〔4〕傅作义，当时任国民党军第十二战区司令长官。

〔5〕李宗仁（一八九一——一九六九），广西临桂（今桂林）人。当时任国民党政府主席北平行辕主任。

# 集中山野华野全力歼灭东进之敌

（一九四六年十月十五日）

陈张邓曾〔1〕，并告粟谭〔2〕：

删子电〔3〕悉。决心在淮北打仗，甚慰。南京息，蒋〔4〕方计划引我去山东，我久不去，乃决心与我在淮北决战。此种情况于我有利。望你们集中山野、华野全力（决不可分散）歼灭东进之敌，然后全军西渡收复运西〔5〕，于二至三个月内务歼薛岳〔6〕七至十个旅，就一定能转变局势，收复两淮，并准备将来向中原出动。为执行此神圣任务，陈、张、邓、曾、粟、谭团结协和极为必要。在陈领导下，大政方针共同决定（你们六人经常在一起，以免往返电商贻误戎机），战役指挥交粟负责。鲁南方面由叶〔7〕纵及各警备旅监视该敌，必要时可考虑将滨海警备旅派去。只要淮北胜利，鲁南之敌决不敢深入临沂。总之，转变局势主要依靠你军与刘邓〔8〕军，而其关键是歼灭薛岳十至十五个旅（你们担任歼灭七至十个旅，刘邓担任歼灭三至五个旅），只要不再犯错误，此项目的是能实现的。

中　央

西删亥

根据毛泽东手稿刊印。

## 注　释

〔1〕陈，指陈毅，当时任山东野战军司令员兼政治委员。张邓，指张鼎丞、邓子恢，当时分别任华中军区司令员和政治委员。曾，指曾山，当时任中共中央华中分局组织部部长。

〔2〕粟谭，指粟裕、谭震林，当时分别任华中野战军司令员和政治委员。

〔3〕指陈毅、张鼎丞、邓子恢一九四六年十月十五日子时给中共中央的电报。电报说：我们商讨共同认为宜速出击淮北。李延年正布置北攻沭阳。已令粟裕率一、六两师北回沭阳集结，可能打几个好仗。如敌东进快，而华东野战军来不及北返时，则就地相机打击敌侧背。山东野战军拟选蒋军之一路，从一个团到二个团着手，亦可能打一二个胜仗，故回鲁南的打算已暂缓。

〔4〕蒋，指蒋介石。

〔5〕运西，指运河以西的淮北地区。

〔6〕薛岳，当时任国民党军徐州绥靖公署主任。

〔7〕叶，指叶飞，当时任山东野战军第一纵队司令员。

〔8〕刘邓，指刘伯承、邓小平，当时分别任晋冀鲁豫野战军司令员和政治委员。

# 采取围城打援办法歼敌有生力量

（一九四六年十月二十四日）

詹李王〔1〕并告程李〔2〕：

你们作战方针应着重歼灭敌有生力量，然后敌占各据点自然容易为我收复。为实行此方针，应采取围城打援办法。围城之目的不在得城，而在打援。集中七八倍于敌之兵力（例如集中四五个团打敌援兵一个至二个营），每次事前均应有充分准备，不浪打，打则必胜。打时须用包围迂回，以期尽歼。此点对干部应作深刻教育。

军　委

酉敬

根据毛泽东手稿刊印。

## 注　释

〔1〕詹，指詹才芳，当时任冀东军区司令员。李，指李楚离，一九〇六年生，河北元氏人，当时任冀东军区政治委员。王，指王智涛，一九〇六年生，河北沧县人，当时任冀东军区参谋长。

〔**2**〕程李，指程子华、李运昌，当时分别任冀热辽军区司令员兼政治委员和副司令员。

# 敌强我弱必须准备长期斗争

（一九四六年十月二十五日）

东北局：

西养[1]电悉。你们的估计是正确的，中美反动派消灭解放区的政策不会改变。我党同志绝不要幻想恩赐和平，只在大量歼灭敌军有生力量、粉碎敌人多次进攻并使解放区获得发展之后，暂时休战才有可能。在全国与东北均是敌强我弱，为改变此种形势起见，必须准备长期艰苦斗争。

中　央

酉有

根据毛泽东手稿刊印。

## 注　释

〔1〕酉养，即十月二十二日。

# 南方各省乡村工作方针

（一九四六年十一月六日）

方林〔1〕并告周董，刘，吴〔2〕：

在目前全面内战形势下，南方各省乡村工作应采取两种不同方针：

甲、凡有可能建立公开游击根据地者，应即建立公开游击根据地。原有各根据地，如海南岛，如南路、中路、西江、北江、东江〔3〕、闽南、闽西，应鼓励原有公开或半公开武装紧紧依靠群众继续奋斗，不应采取消极复员政策，长敌人之志气，灭自己之威风。现在南方各省国民党正规军大批调走，征兵征粮普遍施行，正是我党发动游击战争的好机会。在此方针下，你们酉有〔4〕电乙项叫闽西南大量复员之方针是不妥的，应重新考虑。你们派人到海南岛传达复员方针，已引起那里极大不满。中央已去电叫他们坚决斗争，以占领海南岛全部为目标，将来则向南路发展。

乙、凡条件尚未成熟之地区，则采取荫蔽待机方针，以等候条件之成熟。此种地区在目前当然是占多数，但其目标仍是积极准备发动公开游击战争、建立游击根据地之各种条件，而不是不管条件是否成熟，一概采取长期荫蔽方针。

以上两项方针，适用南方各省一切乡村，按具体情形分别采取甲项或乙项。东南各省望周、董、刘直接布置。西南各省望吴及川省委布置。

中　央

戌鱼

根据毛泽东手稿刊印。

## 注　释

〔1〕方，指方方（一九〇四——一九七一），广东普宁人，当时任中共中央华南分局书记。林，指林平，即尹林平，当时任中共中央华南分局副书记。

〔2〕周，指周恩来。董，指董必武（一八八六——一九七五），湖北黄安（今红安）人，当时任中共中央南京局书记。刘，指刘晓（一九〇八——一九八八），湖南辰溪人，当时任中共中央上海局书记。吴，指吴玉章（一八七八——一九六六），四川荣县人，当时任中共四川省委书记。

〔3〕指华南五处由中共创建的抗日游击根据地。南路根据地在钦州、廉江地区；中路又称中区根据地，在新兴、恩平、阳春、阳江地区；西江根据地在广宁、四会地区；北江根据地在英德、翁源、新丰、佛冈等县边境地区及清远县境的文洞地区；东江根据地的中心为增城、博罗两县边境的罗浮山区及东莞、惠阳等县的部分地区。

〔4〕酉有，即十月二十五日。

# 要胜利就要搞好统一战线[1]

（一九四六年十一月二十一日）

在党的七大时我们就估计到，在日本投降以后，如果不克服蒋介石的阴谋和中国出斯科比[2]的危险，中国的内战就不可避免。在今年一二月间蒋介石似乎有点变了[3]，后来证明七大的估计还是正确的。以前，世界上是法西斯和反法西斯的斗争，战后的世界变成了美国反动派和世界人民的对立，这种对立也反映在中国，就是美国支持蒋介石进行反人民的内战。因此，中国的斗争和世界有密切的联系。前一段时间，在中国人民中间以及在我们党内都存在着内战打不打得起来的问题，人们都希望国共不打仗，现在这个问题已经解决了，例如蒋的这次停战令[4]，人民对它的幻想就少多了，上海等地的反映证明了这一点。剩下的便是我们能不能胜利的问题了。这跟世界反法西斯战争初期的情况一样，当时有人担心是否能战胜日本和希特勒。现在，许多人希望我们胜利，但又害怕我们不能胜利，怪我们失掉许多地方，失掉了长春、张家口，现在还可能失掉延安、烟台等地。因此，揭破蒋介石发动内战的阴谋，清除和平幻想，现在已经降为第二位的问题了。第一位的问题是要宣传我们有条件取得胜利，建立坚定的胜利的信心，这个工作最近几个月都在做，今后还要做。要胜利就要搞好统一战线，就要使我们的人多一些，就要孤立敌人，当然敌人也想孤立我们，但被孤立的只能是他们自己。就国际条件来说，我们也不会孤立。现在世界上有三块地方：美国，苏联，还有美苏之间。这三块地方的人民都反对美国反动派，今天的世界是美帝国主义同全世界人民的矛盾和对立。几个月以前，我们对美国记者说，美国的政策是错的，他们不相信，还要辩护，现在他们不辩护了，他们到延安来只是问你们为什么不批评苏联。美国国内的人也会起变化，那里的人民会起来反对美国反动派的。美国的基础是极端危险的，它不像从前保安的旦八寨子〔5〕，你不打它，它没有什么危机，美国的危机就要到来，比过去要严重得多。美帝国主义外强中干，蒋介石也是如此，都是可以打倒的。拿破仑、希特勒最后不是都被打倒了吗？我们说中美反动派外强中干，要藐视他们，这不是单单为了鼓励自己，而是有事实根据的。总之，世界在进步，苏联在发展，美国在面临危机，今天主要矛盾是美国和资本主义世界其他国家的矛盾，美国和中间地带的矛盾。我们不是孤立的，我们的统一战线是宽广的。我们只要熬过明年一年，后年就会好转。

蒋介石对我们的方针是一不给自由，二要消灭你，不允许我们在保存一块地方的条件下订城下之盟。因此我们的方针只能是打的方针，这是确定了的。现在同抗战初期相比，我们的条件是更好了一些，统一战线也更宽广了。从上海、北平回来的人，我们都问他们：抗战初期的统一战线宽广还是现在的宽广？抗战初期我们一些同志出去没人理，现在不同了，很多人都愿意找我们的同志谈几句话，说我们的政策可以，只是问将来变不变。在解放区，我们的统一战线是否比抗战时期狭一些呢？也差不多。搞土地改革并不影响我们团结地主，抗战时期减租减息也得罪了地主，但仍可以团结他们。在土地改革完成后，明年也可以对地主拉一把，照顾他们的生活，学延安地区对待地主的经验，让他们和农民一样可以进行生产，富足起来。现在陕南、鄂西、豫西，地主只有十分之一同我们作对，十分之九中立或愿意帮助我们。统一战线是一个基本的问题，无论如何要团结最大多数的人。只要我们不搞关门主义，蒋介石要孤立我们是不可能的。看看中美商约第二条〔6〕，蒋介石怎么能不孤立呢？孤立了他，我们就胜利了。

在军事上，蒋介石发动全面内战差不多五个月了，我们至今已经歼灭了敌人三十八个旅，占七十五个旅〔7〕的半数多一点，很难想象以后就不能再歼灭了。阎锡山、顾祝同〔8〕两区已不能进攻了，程潜〔9〕现在也没有攻势。刘邓十九日发起的战役〔10〕可以说是我们反攻，这次是我们进攻他们，他们处处被动。顾祝同若不调动胡宗南〔11〕的部队就很难再进攻，可能由薛岳〔12〕那里调第十一师或者由胡宗南那里调部队来打，这样延安又解围了。如果顾祝同不能进攻，我们就攻他。我们还是用袭击的办法，集中优势兵力，消灭敌人。目前国民党军对延安、涟水、临沂、烟台还可能有攻势，对晋察冀、东北也还可能有一些攻势，此外便无足观。对敌人如果不加分析，就会像三国时曹操号称八十三万人马，把东吴搞得议论纷纷〔13〕一样。蒋介石的进攻是可以打破的，经过半年到一年消灭他七八十个旅，停止他的进攻，我们开始反攻，把他在美国援助下七八年积蓄的力量在一年内打破，使国共两党的力量达到平衡。达到了平衡就很容易超过它。那时我们就可以打出去，首先是安徽、河南、湖北、甘肃，然后可以再向长江以南发展，这大约要用三年到五年的时间。当然我们也不能说那时就能消灭蒋介石，我们宁可把事情估计得严重一些，最坏也无非是打十五年，打得我们连一个县城都没有了，这些我们也要有准备。一九四一年和一九四二年，我们占有的县城就极少。现在，我们原有的四百九十九个县城还只失掉了一百七十多个。

解决土地问题是一切工作的根本。明年的春耕是在解决了土地问题的基础上的春耕。一切都要按照长期战争来打算。

代表团谈判一年之久，工作做得好。谈判主要是为了教育人民，这个目的是达到了。代表团不能早回来，一定要在开"国大"〔14〕以后，这样战争与分裂的责任才清楚，才不致失去人心。打起仗来，人心如不属我，我就输了。教育人民历来是我们党的任务，要一直坚持下去。现在究竟谁要打谁要和，人民已经知道了；美国政府的欺骗，人民也更清楚了。我们党本身也需要教育，也有一个教育过程。在复员的问题上我们就吃了亏，结果有些部队不充实，民兵也减少了。

现在是否要提出打倒蒋介石？我们做这个工作而不提这个口号，口号仍然是恢复一月十三日停战协定生效时的双方位置和实现政协决议〔15〕。我们要估计到，同蒋介石再打下去，如果消灭他七十五个旅以后，美国还会加强援助，那时新的困难又会出现。因此我们一方面要藐视他们，非此不足以长自己志气，灭敌人威风，而另一方面又要重视他们，每一仗都要谨慎周密，不要疏忽。什么时候又要谈判？开"国大"是蒋介石的失着，想加强自己反而削弱了自己，但他预先说了半年以后"宪法"〔16〕仍可修改，如果我们打掉他七十五个旅，那时他又要"爱和平"了，他可能又要谈判，而我们也不能拒绝。麻烦的事还很多。总的说，斗争是长期的，中间还会有许多曲折。这不仅仅是蒋介石方面的原因，主要是帝国主义干涉的问题。

国共这次决裂，和一九二七年不同。那次我们是完全被动的，这次我们有准备，干部们对前途是清楚的，群众也懂得。

根据中央档案馆保存的讲话记录稿刊印。

## 注　释

〔1〕这是毛泽东在召开的中共中央会议上的讲话。

〔2〕斯科比，英国人，第二次世界大战后期任英国派驻希腊的英军司令。一九四四年十月，德国侵略军在希腊败退，斯科比率领英军，带着在伦敦的希腊流亡政府，进入希腊。同年十二月，斯科比指挥英军并协助希腊政府进攻长期英勇抵抗德军的希腊人民解放军，屠杀希腊爱国人民。

〔3〕一九四六年一月十日，国共双方正式公布停战协定，并由中国共产党中央委员会主席毛泽东和国民党政府军事委员会委员长蒋介石同时下达停战令。同日，政治协商会议在重庆召开。蒋介石在会上宣布了四项诺言：保证人民自由，各政党一律平等，实行地方自治和普选，释放政治犯。政协会议于一月三十一日闭幕，通过了《和平建国纲领》和关于政府组织问题、国民大会问题、宪法草案问题、军事问题等有利于人民而不利于蒋介石反动统治的五项议案。二月二十五日，国共双方达成《关于军队整编及统编中共部队为国军之基本方案》，即"整军方案"。毛泽东在这里指的是蒋介石在这一段时间内的言行。但对以上各项协议，蒋介石从来没有准备履行，以后不久就被他一一撕毁了。

〔4〕见本卷第 143 页注〔7〕。

〔5〕保安，即今陕西志丹县。旦八寨子，在保安县西南。该寨有二百余户人家，地形极为险要。当地地主豪绅兼民团团总曹俊章率反动武装百余人，长期盘据该

寨，红军多次围攻未能打下。一九三六年八月，红军一面用地方武装围困，一面争取寨内基本群众，瓦解寨内敌军。同年十二月，曹俊章率少数人员逃跑，旦八寨子获得解放。

〔6〕中美商约，即国民党政府和美国政府一九四六年十一月四日在南京签订的《中美友好通商航海条约》。这个大量出卖中国主权的条约共有三十条，其中第二条的主要内容是：美国人有在中国“领土全境内”居住，旅行，从事商务、制造、加工、科学、教育、宗教、慈善事业和非专为中国人保留的各种职业，以及租赁土地等权利。美国人在中国，在经济权利上得与中国人享受同样待遇，并不得低于现在或将来所给予任何第三国国民之待遇。

〔7〕毛泽东在一九四六年十月一日总结全国内战爆发以来的三个月的战争经验时指出：过去三个月内，国民党军已被我军歼灭二十五个旅。今后三个月内外，必须再歼敌二十五个旅。“可以预计，在歼灭第二个二十五个旅这一任务完成的时候，我军必能夺取战略上的主动，由防御转入进攻。那时的任务，是歼灭敌军第三个二十五个旅。”毛泽东在本篇中所说的七十五个旅，就是指这三个阶段的歼敌目标的总和。参见《三个月总结》(《毛泽东选集》第四卷，人民出版社 1991 年版，第 1205—1210 页)。

〔8〕阎锡山，当时任国民党军第二战区司令长官。顾祝同(一八九三——一九八七)，江苏涟水人，当时任国民党军陆军总司令部总司令兼郑州绥靖公署主任。

〔9〕程潜，当时任国民党政府主席武汉行辕主任。

〔10〕指刘伯承、邓小平指挥的晋冀鲁豫野战军一九四六年十一月十八日至二十二日进行的滑县战役。这次战役，晋冀鲁豫野战军主力采取远距离奔袭战法，歼灭国民党军第五绥靖区司令官孙震所属的保安第十二纵队、第一〇四旅全部及一二五旅大部共一万二千人，打破了敌人企图控制鲁西南、打通平汉路的计划。

〔11〕胡宗南，当时任国民党军郑州绥靖公署副主任兼第一战区司令长官。

〔12〕薛岳，当时任国民党军徐州绥靖公署主任。

〔13〕这个故事出自小说《三国演义》。说的是曹操率大军南下进攻东吴，号称有八十三万人马。在大军压境情况下，东吴的文武官员意见不一，有的主降，有的主战，孙权也犹豫不定。后来诸葛亮游说东吴，具体分析当时的军事政治形势，才说服孙权联合刘备共同抗曹。

〔14〕“国大”，指一九四六年国民党政府召集的国民大会。按照一九四六年一

月政协决议和会议中协商的精神，国大应在政协决议实施之后，在改组后的政府领导下由各党派参加始能召开。但是国民党违反政协决议，在同年六月发动全面内战，十月占领晋察冀解放区首府张家口后，于十一月十五日至十二月二十五日召开了一党包办的国民大会。除青年党、民社党及极少数所谓“社会贤达”外，中国共产党和各民主党派、各人民团体均拒绝参加并严正声明不承认这个国民大会，使国民党蒋介石在政治上陷于孤立。

〔**15**〕 政协决议，见本卷第 143 页注〔8〕。

〔**16**〕 指所谓“中华民国宪法”。一九四六年十一月十五日至十二月二十五日，国民党反动派违反政协决议，召开一党包办的国民大会，通过了所谓“中华民国宪法”。这个“宪法”受到全国广大人民的反对。

# 同三位西方记者的谈话

（一九四六年十二月九日）

一、哈默问：国民党军队是否仍然企图进攻延安？

答：进攻延安的计划是早已定了，还要打，但我们有很大可能把进犯的军队打垮。

二、罗德里克问：中国国内局势是否就要打下去了？怎样才能够恢复谈判？

答：是要打下去，因为人家要打。“中国共产党现在的方针仍然是尊重政治协商会议〔1〕的路线，并为恢复一月停战协定的位置〔2〕而奋斗，现在召开的非法的分裂的国民大会〔3〕，应该解散。”〔4〕现在政治协商会议的所有协定都让他们破坏了，他们政治上召开“国大”，军事上发动全面进攻。

三、罗德里克问：中国共产党现在是否不受停战协定的约束了，以前总是借口被打才还击，现在是否可以在任何共产党军队有力量攻击的地方就实行进攻？

答：停战协定早已让人家破坏了，我们当然不再受它的约束，将来的谈判就是看战争的结果而定。

四、哈默问：这样是否将来就只有两种可能：或者共产党力量变得很大，或者变得很小？

答：很有这样的可能。

五、罗德里克问：美国国务院发言人称，美国海军陆战队驻在中国的原因是：(1)保护军事调处执行部美方人员家属、财产的安全；(2)保障天津塘沽间铁路的通车，以便使北平执行部美方人员能获得供应品。既然如此，为什么中国共产党不撤退执行部的中共人员，使执行部根本不存在，这样岂不就打消了他们的借口，而是一种聪明之举吗？

答：现在哈尔滨、延安都有美国人，美国干脆把驻军扩充到哈尔滨和延安来岂不好？美国国务院发言人的说法只是借口。

六、哈默问：保存执行部的理由究竟是什么？

答：美国人不要撤退，所以我们也没有要撤退，将来是否撤退我们还未考虑。

七、罗德里克问：美国人完全支持蒋介石是因为中国共产党排外的缘故，过去一九二七年的历史就是如此。

答：中国共产党并不排外，对罗德里克这样的人是很欢迎的。对赫尔利〔5〕之流那就要反对他了，但也不是不给他饭吃，小米饭还是要给吃的，就是不开欢迎会，他讲话时也不拍巴掌，希望把他这一流的人都送出中国才好。现在有两种美国人，马海德、李敦白、史沫特莱〔6〕都是好的美国人，在延安有个斯特朗〔7〕也是好人，这样的人我们都欢迎。不光是这样的人，就是反对我们的人，我们也愿意让他们到解放区来看一看，只要做一些比较公道的报道就对我们有好处。希望记者都成为人民的代言人，而不要成为反动派的代言人。

八、罗德里克问：人民代表会议是否准备召开？

答：我们已经看到你的电稿，态度比较公正。人民代表会议现在还没有召开，国民党军队进攻延安不召开，不进攻也不召开。将来是一定要召开的，因为它是人民的代表会议，至少也要总结一些工作经验。

九、哈默问：共产党对《中美商约》〔8〕是反对的，为什么？

答：中美商约是不平等条约，准许美国人在中国随便购置房屋、地产，建工厂，开商店，美国船只可以到中国内河航行。以前日本人在“二十一条”〔9〕中曾要求在中国的一部分——满洲〔10〕做到这些事情，结果遭到全中国人民的反对。

哈默问：英国内河也允许美国船只去，中国人也可以在外国买房屋、开工厂，为什么要说中美商约是不平等条约？

答：再过多少年，等中国有了资本，有了船舶才可以去外国，现在还不可能。

哈默问：我准备在北平买所房子，将来是否会被没收？

答：不会没收，像你们这样的人，我们可以送几所房子给你们住。

哈默问：中国人眼里的平等条约，就是不把中国的利益给外国，却要享有外国的利益。

答：像你说的这样的条约，也是不平等条约。

罗德里克问：为什么中国共产党对中美商约不公开表示反对的态度，将来共产党得势，是否要废止这一条约？

答：我们公开表示将来一定要废弃，解放区现在就没有实行这一条约。“对于中美商约，我们表示反对，十一月四号是中国新的国耻纪念日，这个商约应该废止，另订平等商约。”〔11〕

十、罗德里克问：今年二月间，主席谈到世界局势有利于民主运动的发展，现在是否还是这样？

答：现在更高涨了。今年二月迄今，美国帝国主义分子所干的一套都是违背人民意志的，快要失败了。美国反动分子和美国人民是有区别的，反动分子想独霸世界，势必引起全世界人民的反对。反动分子世界各国都有，他们违背大多数人民的意志，压迫民主，压迫人民，一定遭到人民的反对。几个月以前，美国人民还不认识美国的反动政策，如对在中国驻兵、干涉中国内政、扶蒋反共等都是反动政策，现在美国记者斯诺〔12〕、史沫特莱等都写文章表示反对。今年七月七日，我们发表宣言〔13〕批评美蒋政策，当时中外人士都说有些过火，但现在很少有人替美国政策辩护了，斯蒂尔〔14〕也没有替美国政策辩护，白修德〔15〕写书批评了国民党。现在美国反苏是放烟幕弹，是想独霸世界，首先是损害中国和英国的利益，其次是美苏之间的中间地带，而苏联闭门搞建设，对它毫无影响。所以这种政策一定要失败。美国人民也向左倾，不喜欢现在的政策，这次选举就是证明，如喜欢民主党政策的，一定会选民主党，而选共和党的是因为共和党十二年来没有管过事，想换一个试一试，十年以内可能会有变化。英国人民也向左倾，百分之四十的工党议员反对贝文〔16〕的政策，我估计一年至一年以上英国工党内反对贝文和艾德礼〔17〕的人可占大多数。中国人民也在左倾，共产党人在延安住土窑洞，吃小米，有什么本钱？但五个月已经消灭了国民党正规军三十九个旅。善良的记者不要相信反苏的谎言。美国国内现在工人运动还不统一，有两三派，组织上和政治上不统一，但将来有希望，美国将来一定会实现社会主义。就是中国比较困难一些，前途还会有曲折。总之，全世界民主运动是高涨的。

十一、陈依范问：美国对国共的调解，共产党已不可能接受，是否欢迎英国调解？

答：英国现在没有勇气反对美国的政策，它跟着美国走，又能有什么用处？它要反对美国，美国又不好对付。中国的问题还是由中国人自己来解决，但欢迎外国的技术帮助。

十二、哈默问：在香港问题上中共的态度如何？

答：我们现在不提出立即归还的要求，中国那么大，许多地方都没有管理好，先急于要这块小地方干吗？将来可按协商办法解决。

根据中央档案馆保存的
谈话记录稿刊印。

## 注　　释

〔1〕政治协商会议，见本卷第143页注〔8〕。

〔2〕参见本卷第143页注〔7〕。

〔3〕见本卷第201页注〔14〕。

〔4〕引号内的话，是毛泽东同意哈默等记者发表的。

〔5〕赫尔利，美国共和党人。一九四四年十一月任美国驻中国大使，因支持蒋介石的反共政策而受到中国人民的坚决反对，一九四五年十一月离职。

〔6〕马海德（一九一〇——一九八八），祖籍黎巴嫩，生于美国。一九三三年来到中国上海从事医疗工作，一九三六年到达陕北革命根据地，一九三七年加入中国共产党。一九四六年任北平军事调处执行部中共代表团医疗顾问。李敦白，一九二一年生，美国进步人士。一九四五年来中国。一九四六年七月和十月，先后在张家口、延安新华广播电台从事英语广播稿的编辑和播音工作。史沫特莱（一八九〇——一九五〇），美国进步女作家、记者。一九二八年底以《法兰克福日报》特派

记者身份来中国，在上海参加中国进步文化运动。一九三七年曾到延安采访中共领导人。后随新四军转战华中和华东两年。一九四一年返回美国。

〔7〕斯特朗（一八八五——一九七〇），美国进步女作家、记者。一九四六年六月第五次到中国访问，同年七月底进入延安。一九四七年二月离开延安。

〔8〕中美商约，即国民党政府和美国政府一九四六年十一月四日在南京签订的《中美友好通商航海条约》。这个大量出卖中国主权的条约共有三十条，主要内容是：第一，美国人有在中国“领土全境内”居住，旅行，从事商务、制造、加工、科学、教育、宗教、慈善事业和非专为中国人保留的各种职业，以及租赁土地等权利。倘若允许第三国采勘及开发中国矿产资源，美国也享有此项权利。美国人在中国，在经济权利上得与中国人享受同样待遇。第二，美国商品在中国的征税、销售、分配或使用，享有不低于任何第三国商品在中国的待遇。中国对美国任何种植物、出产物或制造品的输入，以及由中国运往美国的任何物品，“不得加以任何禁止或限制”。第三，美国船舶可以在中国开放的任何口岸、地方或领水内自由航行，其人员和物品有经由“最便捷之途径”通过中国领土的自由。美国船舶，包括军舰在内，可以在遇到“任何危难”的借口下，开入中国“对外商务或航业不开放之任何口岸、地方或领水”。

〔9〕“二十一条”，是日本帝国主义利用第一次世界大战的时机在一九一五年一月十八日向袁世凯政府提出的旨在独占中国的秘密条款。这些条款共有五号，分为二十一条。主要内容是：一、由日本接管德国在山东所掠夺的权利，并加以扩大；二、承认日本在南满洲和内蒙古东部享有各种特权；三、将汉冶萍公司改为中日合办；四、中国沿海港湾岛屿概不让予或租予第三国；五、由日本控制中国的政治、财政、警察、军事大权，允许日本在湖北、江西、浙江、广东各省之间修筑重要铁路，并承认日本在福建享有投资修筑铁路、开采矿山、整顿海口等优先权。五月七日，日本提出最后通牒。五月九日，袁世凯政府对日本的这些要求，除声明第五号要求的一部分“容日后协商”外，都加以承认。后来，因为全国人民的一致反对，以及各帝国主义国家在华利益上存在矛盾，日本的这些要求没有全部实现。

〔10〕满洲，即中国东北地区。

〔11〕引号内的话，是毛泽东同意哈默等记者发表的。

〔12〕斯诺（一九〇五——一九七二），美国进步作家、记者。一九二八年来中国。一九三六年到陕北革命根据地，多次采访毛泽东等中共领导人。一九三九年再

次到延安采访，毛泽东会见他时作了关于统一战线和国际问题的谈话。一九四一年受国民党反动派打击，被迫离开中国。一九四二年至一九四三年又来过中国。

〔13〕指一九四六年七月七日发表的《中国共产党中央委员会为纪念“七七”九周年宣言》。

〔14〕斯蒂尔，美国《纽约先驱论坛报》驻中国记者。

〔15〕白修德，一九一五年生，美国记者、作家。一九三九年至一九四五年任美国《时代》杂志驻重庆记者，一九四四年访问过延安。一九四六年与贾安娜合著《中国暴风雨》，该书因揭露国民党在抗日战争时期的腐败，一度在蒋管区被禁止。

〔16〕贝文（一八八一——一九五一），英国政治家。当时任英国外交大臣。

〔17〕艾德礼（一八八三——一九六七），英国工党领袖。当时任英国首相。

# 新 年 祝 词[1]

（一九四七年一月一日）

在一九四六年，战后世界的光明面和黑暗面进行了胜利的斗争，战后中国的光明面和黑暗面也进行了胜利的斗争。战后的世界和中国都发展了争取和平与争取民主、自由的规模极大的人民运动。这个运动必然走向胜利。这个运动是任何力量阻止不住的。但是反动派总是企图阻止。全世界和全中国人民的任务，在于团结一切力量，击破反动派的阻力。在一九四七年，包括中国在内的世界各国人民反对美国侵略政策的世界统一阵线，将要迅速发展；而中国人民争取民主、自由的运动则将要得到比一九四六年更重要的胜利。其结果，将使中国的情况发生变化，有利于和平的恢复与国家的独立。

我们共产党人在抗日战争期间就力求战后各党派的合作，但是同时提出了警告："国民党主要统治集团现在正在所谓'召开国民大会'及'政治解决'的烟幕之下，偷偷摸摸地进行其内战的准备工作。如果国人不加注意，不去揭露它的阴谋，阻止它的准备，那末，会有一个早上，要听到内战的炮声的。"[2]在抗日战争结束以后，我们和全国人民在一起，曾经用一切忍耐的努力来阻止内战的发生和扩大，不幸这个努力是被反动派的全面进攻和国民党一党的"国大"[3]所破坏了。

但是中国人民仍在经过两种努力来继续争取和平，即解放区各阶层人民粉碎反动派进攻的艰苦卓绝的奋斗，和国民党统治区各阶层人民争取民主、自由的日见高涨的群众运动。中国人民的这个联合意志将要确定地压倒任何反动分子的意志，从而使各党派间诚意的和平谈判和全国范围内真实的和平生活成为可能。现在国民党当局还没有表示任何起码的和平意图，他们在美国政府指使下，正在忙于以分裂的“国大”和独裁的“宪法”〔4〕来装饰自己，以便使他们的战争和美国的援助“合法”化。但是只要全国人民团结一致，坚持不屈不挠的奋斗，那末，在不久的将来，自由的阳光一定要照遍祖国的大地，独立、和平、民主的新中国一定要在今后数年内奠定稳固的基础。

根据一九四七年一月一日
《解放日报》刊印。

## 注　　释

〔1〕这是毛泽东一九四七年一月一日在《解放日报》发表的新年祝词。

〔2〕见《论联合政府》（《毛泽东选集》第三卷，人民出版社 1991 年版，第 1051 页）。

〔3〕“国大”，见本卷第 201 页注〔14〕。

〔4〕“宪法”，见本卷第 202 页注〔16〕。

# 一切以打大歼灭战为目标

（一九四七年一月五日）

陈粟[1]，并告刘邓[2]及谭[3]：

支亥电[4]悉。

（一）彻底歼灭二十六师甚好甚慰，全军将士传令嘉奖。

（二）第二步歼灭冯部[5]两师四旅，估计可能用追击战方式解决一部，但要全部解决并收复峄、台、邳[6]堡垒线，或需一周以上时间才能完成任务。

（三）上述任务完成后，鲁南全军应在峄、台、邳线附近地区休整两三星期，补充新兵，恢复疲劳，准备再战。

（四）此时薛岳[7]必从苏中、苏北抽调十个旅左右及从他处调动几个旅（例如六十四师、十四师[8]等），估计共可有十五个旅左右布防陇海线并企图恢复台、峄线，其时间约需三星期左右。

（五）在歼灭冯部，占领台、峄，并休整部队后，你们任务就是歼灭陇海线上或其南北地区新来之敌，在这一线打仗可以展开大军，打更大的歼灭战。那时你们应当集中四十个团左右兵力并有充分准备，以期一次歼敌五六个旅。

（六）因此你们在占领峄、台、邳后不要轻动，不要去打海州，也不要去打七十四师、十一师，而要休整部队，巩固胜利，并吸引七十四师、十一师(可能还有四师、四十四师等部)北上到你们面前适当地区,然后歼灭之最为有利。

(七)只有吸引敌人北上再打三四个宿东、鲁南这样的大歼灭战[9],苏中、苏北失地才能收复。不要在未歼灭敌人主力之前过早企图收复失地,收复峄、台线之目的在于创造战场。

(八)在歼灭冯部占领峄、台后,为着创造战场之目的,可考虑歼灭五十一师,占领枣庄,前锋可过运河控制陇海线。九纵全部应去淮北睢、宿、灵、泗[10]地区恢复工作。皮旅[11]应去盐阜[12]地区,坚持工作。二师[13]、二纵、七师(共二十个团)亦应休整补充,准备参加新的大会战。沭阳暂时得失,无足轻重。总之,一切以打大歼灭战为目标,望按此方针部署工作。

(九)只有一种情况才使我们放弃上述企图,现时即取南下收复失地之方针,即是蒋[14]、薛并不调动苏中、苏北之敌北上陇海线,也不从他处调兵至陇海线。但此种估计此刻似嫌过早,且陇海线暴露于我面前,为着防御该线亦是要调兵的。

军　委

子微亥

根据毛泽东手稿刊印。

## 注　释

〔1〕陈粟,指陈毅、粟裕,当时分别任山东野战军司令员兼政治委员和华中野战军司令员。

〔2〕刘邓,指刘伯承、邓小平,当时分别任晋冀鲁豫野战军司令员和政治委员。

〔3〕谭，指谭震林，当时任华中野战军政治委员。

〔4〕指陈毅、粟裕一九四七年一月四日亥时给中共中央军委和刘伯承、邓小平的电报。电报说：二十六师及其快纵今日可完全歼灭，不会有多的漏网。我们已颁令进击，力争歼灭冯治安，恢复台儿庄、峄县并向贾汪、陇海东段发展，力求彻底解决鲁南之敌，造成威胁徐州形势。打冯治安后我们拟转打敌整编七十四师、十一师并攻海州，向南收复失地。

〔5〕冯部，指国民党军徐州绥靖公署副主任兼第三绥靖区司令官冯治安指挥的整编第五十九师和整编第七十七师。

〔6〕峄、台，指山东峄县（今峄城）和台儿庄，现均属枣庄市。邳，指江苏邳县。

〔7〕薛岳，当时任国民党军徐州绥靖公署主任。

〔8〕应为国民党军整编第十师。

〔9〕指一九四六年十二月中旬的宿东战役（即宿北战役）和一九四七年一月上旬的鲁南战役。这两次战役分别歼敌二万一千余人和五万三千余人。

〔10〕睢、宿、灵、泗，指江苏睢宁、宿迁和安徽灵璧、泗县。

〔11〕皮，指皮定均，当时任华中野战军第十三旅旅长。

〔12〕盐阜，指江苏盐城和阜宁。

〔13〕似应为第六师。

〔14〕蒋，指蒋介石。

# 围城打援是歼敌的重要方法之一

（一九四七年一月十一日）

林、高、彭[1]：

（一）最近北满、东满[2]开始打胜仗，甚慰。包围其塔木一点引起九台、吉林、德惠三处之敌无计划的增援，均被我歼灭或击溃[3]。这一经验指出，围城打援是歼灭敌人重要方法之一。利用结冰时期有计划地发动进攻，普遍寻找敌之薄弱据点，采用围城打援方法，大量歼敌，转变敌我形势，甚为必要。

（二）南满[4]四纵二十天敌后作战经验亦指明，只有采取勇敢进攻方针，才是胜敌之道。他们还要勇敢一点，要敢于进攻一营两营驻守之敌而歼灭之，并且每次均一定要准备打援兵。

（三）关内几个主要战场，我军开始取得主动，并日益发展成为大歼灭战。蒋介石的主要力量（薛岳[5]八十个旅，顾祝同[6]三十个旅，胡宗南[7]二十四个旅，共计一百三十四个旅）大批被歼灭。全国计算，六个月零十天共已歼敌正规军五十一个旅，至今年七月可能歼敌一百个旅左右，根本转变敌我形势。在此种情况下，迫使蒋介石以全力对付陇海线各战场，不可能向东北增兵，只要你们能用一切方法将杜聿明[8]现有力量(五个军十五个师及技术兵种、保安部队等)加以削弱，例如平均每月歼敌一个师(相当于关内之旅)以上，一年内歼敌十二个师以上，就可使自己转入有利地位。如此打两三年(因敌被歼后又可补充)，就可从根本上转变敌我形势，并建立巩固根据地。

军　委

子真

根据毛泽东手稿刊印。

## 注　　释

〔1〕林，指林彪，当时任东北民主联军总司令兼政治委员。高、彭，指高岗、彭真，当时均任东北民主联军副政治委员。

〔2〕指东北民主联军北满军区和东满军区。

〔3〕一九四七年一月，东北民主联军北满部队为配合南满的作战，以一部包围吉林以北其塔木要点，主力分别在张麻子沟、焦家岭歼灭自九台、德惠来援之敌，最后乘胜攻歼其塔木之敌，先后歼灭国民党军新编第一军两个团和保安团队一部。

〔4〕指东北民主联军南满军区。

〔5〕薛岳，当时任国民党军徐州绥靖公署主任。

〔6〕顾祝同，当时任国民党军陆军总司令部总司令。

〔7〕胡宗南，当时任国民党军第一战区司令长官。

〔8〕杜聿明，当时任国民党军东北保安司令部司令长官。

# 给陈瑾昆[1]的信

（一九四七年一月十六日）

瑾昆同志：

大示诵悉。从新的观点出发研究法律，甚为必要。新民主主义的法律，一方面，与社会主义的法律相区别，另方面，又与欧美日本一切资本主义的法律相区别，请本此旨加以研究。目前美蒋所提和谈，如过去一切和谈一样，全属欺骗性质，因其军事失败，企图取得休息时间，整军再战，我们切不可上当。敬复。顺祝

健康！

毛　泽　东

一月十六日

根据人民出版社一九八三年出版的《毛泽东书信选集》刊印。

## 注　　释

〔1〕陈瑾昆（一八八七——一九五九），湖南常德人。当时任中共中央法律委员会委员。

# 注意多打歼灭战少打击溃战

（一九四七年一月二十三日）

文、汪[1]：

你们集中主力行动并已打了一个胜仗，甚慰。关于作战方法，请你们严重注意多打歼灭战，少打击溃战。打歼灭战的条件有二：（一）集中优势兵力包围敌军一部，每一仗只打一部分敌人，切不可同时打几部分敌人；（二）以主力打迂回，以一部打正面，切不可以一部打迂回，以主力打正面。你们如能实行上述两个条件，多打歼灭战，形势就会好转。

军　委

子漾

根据毛泽东手稿刊印。

## 注　　释

〔1〕文，指文建武，当时任鄂豫陕军区司令员。汪，指汪锋，一九一〇年生，陕西蓝田人，当时任鄂豫陕军区政治委员。

# 对中国革命新高潮的说明[1]

（一九四七年二月一日）

这个文件[2]去年还不能发，现在可以发了。现在向全党对总的形势及个别问题作出结论，是有益处的。总的形势是：革命高潮快要到来。这种高潮在近半个世纪的中国历史上有过三次，第一次是辛亥革命，第二次是北伐战争，第三次是抗日战争，这三次都是全国规模的。其他如五四运动、五卅运动[3]、土地革命战争等规模都不够，土地革命战争也没有发展到全国范围。现在全国规模的第四次革命高潮，可能很快到来。第一次革命高潮无产阶级没有参加领导，那时还没有共产党，是同盟会[4]领导的。第二次、第三次是共产党和国民党共同领导的。这一次高潮是由共产党单独领导的。也许有一些同志会怀疑革命高潮是不是要到来，他们以为这种高潮多少年才有一次，并不是容易的事。这的确不容易，但根据最近的形势来看，高潮是确定地快要到来了。凡是出现革命高潮，总是敌人有弱点，给我们以可乘之机，否则就很难。例如，第二次革命高潮是在第一次和第二次世界大战之间，现在这次高潮是在第二次世界大战以后。各次革命高潮都带有民族性，都是反帝的，这次是反对美帝国主义。国民党政府和美国政府签订的中美商约[5]，是要把中国变为美国的殖民地，这不会因美军撤出中国而发生变化。正如文件上所说:“这一形势,是在美国帝国主义及其走狗蒋介石代替日本帝国主义及其走狗汪精卫[6]的地位,采取了变中国为美国殖民地的政策、发动内战的政策和加强法西斯独裁统治的政策的情况之下形成的。在美蒋这些反动政策下,全国人民除了斗争,再无出路。为独立、为和平、为民主而斗争,仍然是现时期中国人民的基本要求。”[7]从前我说过,和国民党打的结果,有大、中、小三种可能,现在看来,打小的可能性是很小了,打大的可能性是很大了。党的六次大会的决议提出两个基本矛盾没有解决,现在仍未解决,因此革命高潮不可避免地要到来。这次革命的动力是两条战线,就是解放区和蒋管区的人民运动,而以解放区为主。解放区的胜利越大,高潮就来得越快。能不能胜利呢?根据过去的经验,三个主要法西斯国家[8]都被打倒了,为什么美蒋不能被打倒?从各方面来看,敌人是可以打败的。现在我们最困难的就是五师[9]活动的地区,那里的同志很难想像到革命高潮快要到来。但中国就是这样的国家,虽然十年内战后期连江西苏区都退出了,但革命高潮仍然要到来,果真是黑了南方有北方。欧洲为什么在左倾,就因为那里一些国家的中产者和小资产者在日益丧失他们的积蓄而变为无产者。中国的情况也相同,蒋管区人民的生活比抗战时期还要困难,因此中国人民是不能不革命的。《大公报》是拥护蒋介石而又同蒋有分歧的资产阶级报纸,该报提出中国有三个前途:第一,政治协商的前途;第二,南北朝的前途;第三,十月革命的前途。唯独没有说有蒋介石统一中国的前途。中间派的报纸也没有一家说蒋介石能统一中国的,甚至连国民党的报纸也不能不说只有民主才有出路。指出革命高潮一定要到来这一点，使全党了解并从思想上、工作上、组织上预作准备，那末在这次高潮中我们就可能取得胜利。美国对蒋介石政府的政策（好比英国对希腊的政策[10]），我们在去年还很难判定，现在可以确定了。我们现在的口号还不是打倒美蒋，但实际上是要打倒他们。将来还有没有和平的可能呢？我们的文件没有堵死和平的可能，也不拒绝同国民党谈判。但是，美国要和蒋介石共同统治中国，蒋介石要独裁，而人民一定要反帝反封建，这三条都是确定了的，没有疑问的。为什么还可能有和平呢？如果我们再消灭蒋军五十个旅，蒋介石就迫切需要休息，以便再战。我们呢？要看高潮的势头和人力物力的情况，如果也需要休息，以便继续进攻，也可以和他进行谈判。在这种情况下，双方有半年到一年的休战时间是可能的，这种休战只是一种临时的步骤，并不涉及原则性的问题。所谓原则性的问题，就是反帝反封建。我们采取这种步骤是为了保障革命的胜利。在去年的停战中，我们的五师及江南是吃了亏的，军队受损失，人民受摧残。但这种停战在军事上或政治上都是必需的。当时如不停战就没有理，蒋介石也是如此，美国也觉得如此，这就产生了短期的停战。而这种性质的停战在将来也还可能发生，所以在文件中没有否定和平的可能。

关于陕甘宁边区的土地问题，西北局和边区政府应该继续解决，使一切无地的农民都得到土地。已经分过土地的地方，如果有多数人没有得到土地，只是少数人得到，应该考虑重分，这样可以得到多数群众的拥护。要使农民同地主撕破脸，而不是和和气气。对地主打了再拉，不打只拉就不好。现在有一批干部实际上站在地主方面，应该对他们进行教育。要使司令部、专署、地委在思想上都站在农民群众方面。过去没有对他们进行教育，是我们工作中的缺点，他们怕违反政策。

关于统一战线，文件上说了是极其广泛的，还应该加一点，说明青年党、民社党〔11〕站到蒋介石方面去并不是我们孤立了，而是蒋介石更加孤立的结果。蒋不得不拉拢这样的小党派，由这些小党派出来帮助维持他的局面，正好证明我们的统一战线更广大了。这种事情将来还会有，因为人民的力量将来会更加壮大。

现在我们对蒋介石的态度和抗战时期有些不同，但不是原则上的不同，在抗战时期我们同他实际上也是斗争多、妥协少。以蒋介石为代表的大地主、大资产阶级在反法西斯战争中，虽有一些作用，但其妨害也很大。抗战时期，我们对蒋的政策是，把绳子套在他的脖子上拉他同我们一道走。蒋介石消极抗日，积极反共，凡能对我们进攻之处无不进攻。如果我们不坚决抵抗，没有这个准备，就不可能有今天的局面。我们在抗战中的主要同盟军是农民，其次是民族资产阶级。蒋介石在抗战中有某些作用，但比起丘吉尔〔12〕在英国反德战争中所起的作用就不如。

土地问题现在解决是好的。从去年或从今年开始解决也不能算迟，但如果现在还不解决，再拖延下去就将犯很大的错误。“三三制”〔13〕现在还要，为什么不取消？因为现在解放区的状况与抗战时民主改革已经深入了的根据地的状况基本相同，因此，中间分子、党外进步分子还应该吸收进政权来。有些同志以为可以不要“三三制”了，这是不妥当的。在土地改革运动深入的地方，如果地主已经屈服，我们再拉他们一下，这对我们是有好处的。

总之，这一次革命高潮同前三次不同，同第一次不同的是有了我们党，同第二次第三次不同的是没有国民党参加领导。凡是分掌领导权的都搞不好。内战时我们没有占领广大城市，也没有民族资产阶级参加，这次则不同。革命胜利还有相当长的时间，我过去曾说过，少则三年到五年，多则十年到十五年。假如以少则三年到五年来说，那末，从日本投降时算起到现在已经过去一半了，即一年半了，但最后的困难我们还要估计到。

这个文件应在党内广泛散发。

根据中央档案馆保存的
讲话记录稿刊印。

## 注　　释

〔1〕这是毛泽东在中共中央政治局扩大会议讨论党内指示《迎接中国革命的新高潮》时的讲话。这个指示见《毛泽东选集》第四卷（人民出版社 1991 年版）第 1211—1217 页。

〔2〕指《迎接中国革命的新高潮》一文。

〔3〕五卅运动，指一九二五年五月三十日爆发的反帝爱国运动。一九二五年二月和四月，上海、青岛的日本纱厂先后发生几万名工人大罢工，并取得了重大胜利。工人运动的高涨，引起了帝国主义者的恐慌与仇恨，从而加紧部署镇压工人运动。五月十五日，上海内外棉第七厂日本资本家枪杀了该厂工人领袖、共产党员顾正红，并伤十余人。五月三十日，当二千余学生分头在公共租界各马路进行示威游行时，一百余人遭巡捕逮捕，引起学生和市民的更大愤慨，有近万人聚集在巡捕房

门口，要求释放被捕学生。英国巡捕向群众开枪，打死打伤许多人。“五卅”惨案发生后，激起了全国人民的公愤，广大工人、学生和部分工商业者，在许多城市和县镇举行游行示威和罢工、罢课、罢市，形成了全国规模的反帝爱国运动。

〔4〕同盟会，是中国资产阶级革命政党中国同盟会的简称。一九〇五年八月，兴中会与华兴会等革命团体的成员在日本东京联合组成同盟会，采用孙中山提出的“驱除鞑虏，恢复中华，创立民国，平均地权”的资产阶级革命的政纲。孙中山被推选为总理。在他的领导下，同盟会积极进行革命宣传，并联合会党、新军发动多次武装起义。一九一一年十月武昌起义爆发，很快形成推翻清王朝的辛亥革命运动。在袁世凯窃取政权后，同盟会于一九一二年八月改组为国民党。

〔5〕中美商约，即《中美友好通商航海条约》。见本卷第201页注〔6〕。

〔6〕汪精卫，一九三七年抗日战争爆发后，任国民党国防最高会议副主席，主张对日妥协，是国民党内亲日派首领。一九三八年三月任国民党副总裁，同年十二月公开投降日本，后任日本扶植的南京傀儡政府主席。

〔7〕见《迎接中国革命的新高潮》（《毛泽东选集》第四卷，人民出版社1991年版，第1212—1213页）。

〔8〕指德国、意大利和日本。

〔9〕五师，指原新四军第五师，李先念任师长兼政治委员。

〔10〕一九四一年四月德国法西斯占领希腊，以国王为首的部分希腊政府官员和军官逃往国外，组成流亡政府，国内人民则在希腊共产党的领导下积极开展抗击法西斯的斗争。一九四二年四月建立了希腊人民解放军，一九四四年三月成立了希腊民族政治委员会，行使人民政权的职能，这时，人民解放军在歼灭大量敌人的基础上已经解放了许多城市和大片国土。人民解放军的胜利使希腊流亡政府惊恐万分，也使英帝国主义极为忧虑。英国为使希腊继续成为自己的势力范围，支持亲英势力继续在希腊执政，以“调解”流亡政府和民族解放政治委员会的关系为名，制造了一个统一希腊政府和统一希腊军队的骗局，接着又公开地进行武装干涉。在英帝国主义的政治欺骗和军事干涉下，民族解放政治委员会于一九四四年九月宣布解散，交出了它在解放区掌握的政权，一九四五年一月，又宣布遣散全国人民解放军，并随后交出了武器。人民解放军放下武器后，革命军民受到了英国和希腊政府的残酷迫害。

〔11〕青年党，即中国青年党，一九二三年成立。民社党，即中国民主社会党，一

九四六年八月由中国国家社会党与民主宪政党合并组成。抗日战争时期，它们曾参加中国民主同盟，后又依附国民党。一九四六年十一月参加国民党包办的“国民大会”，拥护这次大会通过的所谓“中华民国宪法”，支持蒋介石发动反共反人民的内战。

〔12〕丘吉尔，一九四○年至一九四五年出任英国战时联合内阁首相，领导英国抗击法西斯德国的进攻。

〔13〕“三三制”，是中国共产党制定和实行的关于敌后抗日根据地政权建设的政策。根据这一政策，抗日根据地政权中的人员分配是，共产党员大体占三分之一，左派进步分子大体占三分之一，中间分子和其他分子大体占三分之一。

# 关于彻底粉碎陈诚[1]向鲁南进攻的建议

（一九四七年二月三日）

陈饶张黎，粟谭[2]：

为着彻底粉碎陈诚向鲁南之进攻，请你们注意下列各点：

（一）集中绝对优势兵力，你们将王建安、许世友、宋时轮[3]三部南调是很对的。

（二）休整部队，利用敌大举进攻前夜全军休整，多一天好一天，休整即是胜利。

（三）诱敌深入，敌不动我不打，敌不进到有利于我、不利于敌之地点我亦不打，完全立于主动地位。

（四）先打弱者，后打强者，可能进攻之敌二十二个旅中，战力较强者约八个旅，较弱者约十四个旅。如我能首先歼灭较弱之十四个旅，此次进攻即算打破，然后再歼较强之八个旅，便很从容。

（五）每次歼敌不要超过四个旅，最好是三个旅，一则保证速胜，二则手中留有未使用的大量兵力，可以接着打第二仗。这即是说，将你们手中的全部兵力分为两个集团，轮番作战与休息，准备在一个半月至两个月内连续不断打七八个大仗，彻底粉碎敌之进攻。

以上各点，当作建议，究应如何办理最为妥善，请按实情决定。

军　委

丑江

根据毛泽东手稿刊印。

## 注　释

〔1〕陈诚（一八九八——一九六五），浙江青田人。当时任国民党军参谋总长。

〔2〕陈饶张黎，指陈毅、饶漱石、张云逸、黎玉，当时分别任华东军区司令员、政治委员、副司令员和副政治委员。粟谭，指粟裕、谭震林，当时分别任华东野战军副司令员和副政治委员。

〔3〕王建安（一九〇七——一九八〇），湖北黄安（今红安）人，当时任华东野战军第八纵队司令员。许世友（一九〇五——一九八五），河南新县人，当时任华东野战军第九纵队司令员。宋时轮，当时任华东野战军第十纵队司令员。

# 考虑作战行动应以便利歼敌为标准

（一九四七年三月六日）

陈饶张黎，粟谭陈[1]，并告刘邓[2]：

支午电[3]悉。你们主力五个纵队争取休整半月以上，甚为必要。至下一步行动，目前可从几个方案考虑，待敌情发展再行决定。但考虑行动应以便利歼敌为标准。不论什么地方，只要能大量歼敌，即是对于敌人之威胁与对于友军之配合，不必顾虑距离之远近。转入外线之时间现亦不必顾虑，因五师[4]主力一部已渡河到达太岳，一部正待机北渡，鄂西王树声[5]部一部已渡江去湘西，一部留原地。因此，中央原令你们提早转入外线援助五师之计划，现可改变，大约本年全部时间均可用于内线作战。我华东军在今后十个月内，以平均每月歼敌四个至五个旅，付出伤亡六千至七千人计算，共须歼敌四十至五十个旅，付出伤亡六万至七万人之多（明年的尚未计算在内）。你们须从长期作战的思想出发，并使广大干部建立此种思想，随时随地节省人力物力，方能战胜蒋介石，解决中国历史任务。在同样的长期作战任务下，我刘邓军现时亦须休整补充，恢复元气。其下一步行动，似以打黄河以北之王仲廉、孙震[6]两部，与华东作远距离之配合较为适宜。在一般情形下（特殊情况除外），刘邓军须在黄河以北，基本上解决王孙两部，并调动吴绍周[7]指挥之两个师到黄河以北给以歼灭，然后南下陇海较为有利，因黄河已放水，过去与现在情形已不相同。此外，你们的三纵似亦宜令其就地休整，以利尔后加入主力作战。对敌津浦集团[8]北进不要阻止，让其进至泰安一线，于我最为有利。王许[9]两纵如能歼灭八军夺取潍县[10]是很好的，但如果情况已不许可，则宜令其适时进入休整，务使尔后作战经常集中六十个团行动。

军　委

寅鱼

根据毛泽东手稿刊印。

## 注　释

〔1〕陈饶张黎，指陈毅、饶漱石、张云逸、黎玉，当时分别任华东军区司令员、政治委员、副司令员和副政治委员。粟谭，指粟裕、谭震林，当时分别任华东野战军副司令员和副政治委员。陈士榘（一九〇九——一九九五），湖北钟祥人，当时任华东野战军参谋长。

〔2〕刘邓，指刘伯承、邓小平，当时分别任晋冀鲁豫野战军司令员和政治委员。

〔3〕指陈毅、饶漱石、张云逸、黎玉、粟裕、谭震林、陈士榘一九四七年三月四日午时给中共中央军委并刘伯承、邓小平、张鼎丞、邓子恢的电报。电报说：华东野战军现以五个纵队暴露于胶济线张店、周村之周围及淄博地区休整待机，以引诱南线敌人深入山地，造成尔后歼敌之有利条件。对今后作战，我们提出两个作战方案。第一，集中山东及刘邓军于津浦线之兖、济间与敌决战。第二，华东主力转鲁南

线歼敌，建议刘邓军向东南进击，截断陇海，与华东部队形成对徐州之钳形攻击，迫津浦敌南返，而后我再全力于运动中歼灭南下之敌。但辗转南北需时较长，转入外线作战时间亦需推迟。

〔**4**〕五师，指原新四军第五师，李先念任师长兼政治委员。

〔**5**〕王树声，当时任鄂西北军区司令员兼政治委员。

〔**6**〕王仲廉，一九〇三年生，江苏萧县（今属安徽）人，当时任国民党军整编第二十六军军长。孙震（一八九二——一九八五），四川成都人，当时任国民党军第五绥靖区司令官。

〔**7**〕吴绍周（一九〇二——一九六六），贵州天柱人。当时任国民党军整编第八十五师师长。

〔**8**〕指沿津浦路滕县、兖州段北犯之国民党军第七军和整编第十一师、第六十四师、第二十师等部。

〔**9**〕王许，指王建安、许世友，当时分别任华东野战军第八纵队和第九纵队司令员。

〔**10**〕潍县，今潍坊市寒亭区。

# 只要打破胡宗南[1]军即可改变陕北局面

（一九四七年三月二十七日）

贺李[2]，并告彭习[3]：

榆林之敌只能自保，出扰能力不大，贺炳炎[4]旅可即解除渡河掩护之任务，该旅使用由你们决定。中央直属人员到晋西北者是否转到太行，待恩来到你处决定。中央率数百人在陕北不动，这里人民、地势均好，甚为安全。目前主要敌人是胡宗南，只要打破此敌即可改变局面，而打破此敌是可能的。据彭电已歼三十一旅（缺一个团），俘四千人，旅长以下无一漏网，缴子弹二十万，士气大振，信心提高，并可能争取新胜利，各个歼灭胡军。为配合打胡宗南，我陈谢[5]集团日内开始向晋南三角地带出击，约需一个月时间。如阎锡山[6]向石楼、中阳出扰，那时亦可北上打阎。大约在三四个月内，我主力尚不能北上打傅作义[7]，全靠你们以现有兵力支持北线。详由恩来面达。

中　央

寅感

根据毛泽东手稿刊印。

## 注　　释

〔1〕胡宗南，当时任国民党军第一战区司令长官。

〔2〕贺李，指贺龙、李井泉，当时分别任晋绥军区司令员和政治委员。

〔3〕彭，指彭德怀，当时任西北野战兵团司令员兼政治委员。习，指习仲勋，一九一三年生，陕西富平人，当时任西北野战兵团副政治委员。

〔4〕贺炳炎（一九一三——一九六〇），湖北松滋人。当时任晋绥军区第三纵队独立第五旅旅长。

〔5〕陈，指陈赓，当时任晋冀鲁豫野战军第四纵队司令员。谢，指谢富治（一九〇九——一九七二），湖北黄安（今红安）人，当时任晋冀鲁豫野战军第四纵队政治委员。

〔6〕阎锡山，当时任国民党军太原绥靖公署主任。

〔7〕傅作义，当时任国民党军张垣（张家口）绥靖公署主任。

# 中央工作委员会在刘少奇主持下进行工作[1]

（一九四七年三月三十日）

贺龙同志即转恩来：

（一）中央决定组织中央工作委员会，在少奇主持下进行各项工作。朱、刘[2]二同志明晚由石咀驿（绥德南七十里）动身去临县与董、叶[3]诸同志会合，经五台往太行。中央直属机关人员已至晋西北者，照前议一部往太行，一部就地疏散，由你告董、叶处理，嗣后听候中央工委指示。

（二）接电后请你于数日内回来，嗣后即由毛、周、弼[4]三人主持中央。我们现在石咀驿附近。

（三）敌已占两延[5]，下一步行动待偵。

（四）如敌攻清涧，我们准备移至安定、保安[6]之间。为免被敌隔断，故请你早回河西，河东事由刘、朱、董、叶处理。

毛　弼

寅三十申

根据毛泽东手稿刊印。

## 注　　释

〔1〕这是毛泽东、任弼时给晋绥军区司令员贺龙转周恩来的电报。

〔2〕朱、刘，指朱德、刘少奇。

〔3〕董，指董必武，当时任中共中央工作委员会常委。叶，指叶剑英，当时任中共中央后方委员会书记。

〔4〕毛、周、弼，指毛泽东、周恩来、任弼时。

〔5〕两延，指延长、延川。

〔6〕安定，今子长县。保安，今志丹县。

# 先打弱的后打强的 你打你的我打我的

（一九四七年四月二十二日）

聂萧罗[1]并告朱刘[2]：

马电[3]悉。你们现已取得主动权，如敌南援，你们不去理他，仍然集中全力完成正太战役[4]，使敌完全陷入被动，这是很正确的方针。正太战役完成后，应完全不被敌之动作所迷惑，选择敌之薄弱部分主动地歼击之，选击何部那时再定。这即是先打弱的，后打强的，你打你的，我打我的（各打各的）政策，亦即完全主动作战政策。

军　委

卯养

根据毛泽东手稿刊印。

## 注　释

〔1〕聂萧罗，指聂荣臻、萧克、罗瑞卿，当时分别任晋察冀军区司令员兼政治委员、副司令员和副政治委员兼政治部主任。

〔2〕朱刘，指朱德和刘少奇。

〔**3**〕指聂荣臻、萧克、罗瑞卿一九四七年二月二十一日给中共中央军委的电报。电报说：敌南援可能性最大，我晋察冀军区主力仍按预定计划完成正太战役第二期作战。战役完成休整若干天后，敌如未南援，则按中央指示继续歼灭第三军；敌如南援，则以围点打援办法，向平保段或保石段出击。

〔**4**〕一九四七年四月，晋察冀野战军第二、第三、第四纵队及地方武装一部，由安国、定县南下，向正太路国民党军发起进攻。这次作战从四月九日开始至五月四日结束，共歼敌三万五千余人，切断了太原、石家庄之敌的联系，使晋察冀和晋冀鲁豫解放区连成一片，孤立了石家庄的国民党军。

# 不性急不分兵待机歼敌

（一九四七年五月六日）

陈粟[1]，并告刘邓[2]：

你们三日电四日收到，当即复电提出几点意见，谅已收到。今日收到你们二日电[3]，得悉青驼寺歼敌三千，但因一纵远去宁阳，来不及集中兵力打七十四师等部，失一歼敌机会。目前形势，敌方要急，我方并不要急。鉴于青驼寺教训，尤不宜分兵，不但一、六两纵不宜过早分出，即七纵亦似宜暂留滨海地区一个月左右作为钳制之用，一个月后看情形再行南下。因此，五、六两月你们除以七纵位于滨海外，其余全部似宜集中莱芜、沂水地区休整待机，待敌前进或发生别的变化，然后相机歼击。第一不要性急，第二不要分兵，只要主力在手，总有歼敌机会。凡行动不可只估计一种可能性，而要估计两种可能性，例如调动敌人，可能被调动，亦可能不被调动，可能大部被调动，亦可能只有小部被调动。凡在局势未定之时，我主力宜位于能应付两种可能性之地点。此次你们一意对付西面之敌，没有料到汤[4]兵团主力北上，没有事先准备集中最大兵力于适当位置，可以打由西向东之五军、十一师等部，亦可打由南向北之七十四师等部。青驼寺作战时已来不及集中兵力，但失去一次时机并不要紧。当着不好打之时，避开敌方挑衅，忍耐待机，这是很对的。又，在泰安大胜〔5〕敌人深入恐慌日增之际，故估计五、六两月内，可能给我歼敌机会。即使没有机会，只要敌主力进至泰安、莱芜、沂水之线，最好让其进至淄博地区，你们则退至淄博之线或淄博以北，装作向河北退走模样，使敌发生错觉。我主力距敌要远一点，不要守阵地，对敌正面侧面后面一枪不打，让敌放心前进，又使敌完全不知我主力所在，当此时机，好打则打之，不好打则以主力转入敌后，局势必起变化。此次胡宗南〔6〕以三十一个旅攻入只有人口一百五十万之陕甘宁边区，集中十一个旅，有时十个旅，有时九个旅，成一横直四五十里之方阵，使我无歼击之机会，我们即以上述方法对付之。对集中之敌置之不理（此次敌九个半旅入绥德，我们一枪不打），而集中全力打敌后路，使敌完全陷入被动地位，可作你们参考。所不同的，山东地区较狭，你们兵力甚大，转动不易，自应因地制宜。一切望按情况决定。

军　委

辰鱼

根据毛泽东手稿刊印。

## 注　释

〔1〕陈粟，指陈毅、粟裕，当时分别任华东野战军司令员兼政治委员和副司令员。

〔2〕刘邓，指刘伯承、邓小平，当时分别任晋冀鲁豫野战军司令员和政治委员。

〔3〕指陈毅、粟裕一九四七年五月二日给中共中央军委、华东局和刘伯承、邓

小平的电报。电报说:华东野战军攻泰安时期,敌继续向新泰、蒙阴山区猛攻,企图诱我出击,与我决战。华东野战军主动放弃新泰、蒙阴,主力进至临蒙公路以东地区,以一部攻宁阳,调动敌人(第五军)向西使敌分散,主力东移,配合攻击进入蒙阴之敌。四月二十九日至三十日夜,敌第八十三师约两个团兵力在青驼寺以南地区被我军歼灭,但未能及时施行对敌七十四师等部之攻击。

〔**4**〕汤,指汤恩伯,当时任国民党军陆军总司令部徐州司令部第一兵团司令官。

〔**5**〕指一九四七年四月二十二日至二十六日华东野战军第十、第三纵队围攻泰安的战斗。这次战斗,歼泰安守敌整编第七十二师(缺一个旅),俘师长杨文瑔。

〔**6**〕胡宗南,当时任国民党军第一战区司令长官。

# 蒋介石驱我至黄河以北而歼灭的方针将归于破产

（一九四七年五月十一日）

陈粟，刘邓，彭习〔1〕，并告朱刘〔2〕：

（一）从实施黄河堵口复故计划之时起，蒋介石一贯方针，第一步驱我至黄河以北，第二步于黄河以北歼灭我军。

（二）二月间刘邓渡河休整，蒋认为已经驱逐，再难飞渡，故敢将王敬久〔3〕军用于山东。

（三）很长时间开放泰安缺口，让陈粟由此北渡，陈粟不听，且歼李仙洲〔4〕，蒋乃开放胶济，封锁泰安，压陈粟北撤西转。今后方针必以第一线各部（五军、十一师、七十四师、八十三师、二十五师、六十五师、七师、四十八师等）向胶济线前进。如陈粟放手让路，敌必误认为不敢恋战，可达驱逐目的。

（四）胡宗南〔5〕此次进攻，亦是企图将我驱至河东，寅世〔6〕占清涧故意不去绥德，让一条路给我走。差不多过了一个月，卯宥〔7〕起才令董钊〔8〕率八个半旅北上，辰冬〔9〕到绥德，认为可以驱我渡河。辰微〔10〕我克蟠龙，彼始惊悉我在延安附近，令董钊迅速南撤，绥德不留一兵，仍然开放着。由此证明，胡军目的完全不是所谓打通咸榆公路，而是驱我过河。

(五)待陈粟击破顾祝同[11]第一线,刘邓渡河向南,彭习向陇东、关中进军,蒋将发现他的迷梦归于破产。

军　委

辰真

根据毛泽东手稿刊印。

## 注　释

〔1〕陈粟,指陈毅、粟裕,当时分别任华东野战军司令员兼政治委员和副司令员。刘邓,指刘伯承、邓小平,当时分别任晋冀鲁豫野战军司令员和政治委员。彭习,指彭德怀、习仲勋,当时分别任西北野战兵团司令员兼政治委员和副政治委员。

〔2〕朱刘,指朱德和刘少奇。

〔3〕王敬久(一九〇二——一九六四),江苏丰县人。当时任国民党军陆军总司令部徐州司令部第二兵团司令官。

〔4〕李仙洲,原任国民党军第二绥靖区副司令官,一九四七年二月在莱芜战役中被俘。

〔5〕胡宗南,当时任国民党军第一战区司令长官。

〔6〕寅世,即三月三十一日。

〔7〕卯宥,即四月二十六日。

〔8〕董钊(一九〇二——一九七七),陕西西安人。当时任国民党军整编第一军军长。

〔9〕辰冬,即五月二日。

〔10〕辰微,即五月五日。

〔11〕顾祝同,当时任国民党军陆军总司令部总司令。一九四七年三月初,他在徐州组成陆军总司令部徐州司令部,统一指挥原徐州、郑州两个绥靖公署的部队。

# 东北作战部署及关内战局

（一九四七年五月二十日）

林高〔1〕并告朱刘〔2〕：

高卯号〔3〕电，林辰巧、辰皓两电〔4〕均悉。出师顺利，甚慰。东北在你们领导之下，改革了土地，发动了群众，建设了一支强有力军队。在全国各区中，就经济论你们占第一位，就军力论你们已占第二位（山东为第一位）。目前你们以八个师南进，希望能于夏秋两季解决南满〔5〕问题，争取于冬春两季向热河〔6〕、冀东行动一时期，歼灭十三军、九十二军等部，发动群众，扩大军队。该两区共有人口一千五百万，为将来夺取长春、北宁两路〔7〕，长、沈、平、津四城必不可少之条件。夺取两路四城必须准备的条件有三：你们已在北满〔8〕建立了强大根据地，解决了第一个条件；现在正向南满作战，估计不要很久即可解决第二个条件，建立强大的南满根据地；第三步还要解决冀热辽地区的根据地问题。关内方面，我苏鲁军〔9〕负担最大，在他们面前，集中了三十二个整编师八十五个旅（包括被歼者在内），直至此次歼灭七十四师，才使敌人进攻发生了困难，今后再歼二三个师（军），即可转入全面反攻。我刘邓〔10〕军现攻安阳，六月间可以十万人渡黄河向中原前进。我彭习〔11〕军（只有六个不充实的旅）对付胡宗南〔12〕三十一个旅的进攻，两个月作战业将胡军锐气顿挫，再有几个月必能大量歼敌，开展局面。陈赓〔13〕部四个旅拟使用于西北。聂萧罗〔14〕军上月正太作战〔15〕歼敌三万余，缴枪一万五千以上，现须休息半月，约下月中旬拟打津沧线，配合你们作战。总观全局，目前大部分地区已转入反攻作战。只待山东再打一二个胜仗，即可转入全面反攻。

毛 泽 东

辰号

根据手稿刊印。

## 注　释

〔1〕林高，指林彪、高岗，当时分别任东北民主联军总司令兼政治委员和副政治委员。

〔2〕朱刘，指朱德和刘少奇。

〔3〕卯号，即四月二十日。

〔4〕指林彪一九四七年五月十八日、十九日给毛泽东和中共中央军委等的电报。电报说：东北民主联军北满八个师八日开始渡松花江南下，十七日在长春西北之怀德将敌新一军一个团及一个保安团全歼，十八日又将增援怀德之敌两个师(缺一个团)歼灭，俘获甚众。预计十天后到达南满，依托南满根据地与山地作战。今后南满北满主力能密切配合，东北战争形势可望有较大开展。

〔5〕南满，指中长路沈阳至大连段以东的安东(今丹东)、庄河、通化、临江、清原和沈阳西南的辽中等地区。

〔6〕热河，即热河省，见本卷第10页注〔3〕。

〔7〕长春路，指中国长春铁路(简称中长铁路)。自哈尔滨起，西至满洲里，东至绥芬河，南至大连。抗日战争胜利后统称中国长春铁路，由中苏共管。一九五二年十二月，苏联政府将中长铁路全部移交给中国。现分段改称滨洲、滨绥和哈大等

路。北宁路，指北平经天津至沈阳的铁路，即今京哈线北京至沈阳段。

〔8〕北满，指哈尔滨、牡丹江、北安、佳木斯、齐齐哈尔等地区。

〔9〕苏鲁军，指华东野战军，陈毅、粟裕、谭震林分别任司令员、副司令员和副政治委员。

〔10〕刘邓，指刘伯承、邓小平，当时分别任晋冀鲁豫野战军司令员和政治委员。

〔11〕彭习，指彭德怀、习仲勋，当时分别任西北野战兵团司令员兼政治委员和副政治委员。

〔12〕胡宗南，当时任国民党军第一战区司令长官。

〔13〕陈赓，当时任晋冀鲁豫野战军第四纵队司令员。

〔14〕聂萧罗，指聂荣臻、萧克、罗瑞卿，当时分别任晋察冀军区司令员兼政治委员、副司令员和副政治委员。

〔15〕正太作战，见本卷第236页注〔4〕。

# 山东战场的作战方针

（一九四七年五月二十二日）

陈粟谭粟，张饶邓黎〔1〕，并告刘邓〔2〕：

哿〔3〕电悉。歼灭七十四师，付出代价较多，但意义极大，证明在现地区作战，只要不性急，不分兵，是能够用各个歼击方法打破敌人进攻，取得决定胜利。而在现地区作战，是于我最为有利，于敌最为不利。现在全国各战场除山东外均已采取攻势，但这一切攻势的意义，均是帮助主要战场山东打破敌人进攻。蒋管区日益扩大的人民斗争，其作用也是如此。刘邓下月出击，作用也是如此。而山东方面的作战方法，是集中全部主力于济南、临沂、海州之线以北地区，准备用六七个月时间（五月起），六七万人伤亡，各个歼灭该线之敌。该线击破之日，即是全局大胜之时，尔后一切作战均将较为顺利。下一步行动方针有二：（一）休整若干天后即执行你们哿电办法，以三个纵队攻潍县〔4〕，以六个纵队打援兵（六、七两纵均留北面不分散很对）。（二）将攻潍计划再行推迟（已经推迟一次，打了七十四师，甚为正确），考虑先打五军。该军现驻莱芜、颜庄两地，比较孤立，但不知其工事坚固程度如何？你们对打该军把握如何？

我军钳制十一师等部，使之不能增援，把握如何？望你们从长考虑，分析利害电告。如能先歼五军（或该军一二个师）及其他数部，然后再打昌〔5〕、潍，则利益甚大。因我打昌、潍，敌必增援（这是必然的），时间愈早，则援敌愈大，我军打援愈难；时间愈迟（即在正面多歼几部敌军之后），则援敌愈小，我军打援愈易。故应把打潍当作一种争取我军主动、使敌陷入被动之重要手段，尽可能不要过早使用。只有在正面已绝无作战机会之时，才采取打潍步骤。如何，盼复。

军 委

辰养

根据毛泽东手稿刊印。

## 注 释

〔1〕陈粟谭栗，指陈毅、粟裕、谭震林、陈士榘，当时分别任华东野战军司令员兼政治委员、副司令员、副政治委员和参谋长。张饶邓黎，指张云逸、饶漱石、邓子恢、黎玉，当时分别任华东军区副司令员、政治委员、中共中央华东局副书记和华东军区副政治委员。

〔2〕刘邓，指刘伯承、邓小平，当时分别任晋冀鲁豫野战军司令员和政治委员。

〔3〕哿，即二十日。

〔4〕潍县，今潍坊市寒亭区。

〔5〕昌，指山东昌乐。

# 对陈谢纵队西进作战的部署[1]

（一九四七年五月二十四日）

陈谢韩并告新亭，滕薄王，贺李，刘邓，彭习[2]：

（一）你们纵队六月内完成休整及一切西进准备工作（包括肃清吕梁，打开通路），准备于七月上旬由大宁、军渡之间渡河，先至陕北作战，再至宁夏、甘肃广大区域作战，以歼灭胡[3]军及其他顽部，夺取大西北为目标，即借此以保卫山西。应在部队中提倡吃苦耐劳，不怕困难，告诉他们只有消灭胡宗南才能保卫山西。

（二）陈赓卯梗电[4]，胡军将返晋，并主张夺取太原。在目前形势下，我之主要作战目标是蒋介石，对于阎锡山[5]主力的消灭及太原的夺取，应放在尔后去做。目前胡军亦不一定返晋，即返晋我应吸引其回到陕甘给以消灭，对于保卫山西解放区最为有利。

（三）为开辟至陕北之通路并保障尔后接济顺利起见，应举行一次大的作战，各个歼灭乡、吉、蒲、大、平、介、灵、孝[6]八县之敌。为达此目的，你们推迟半月入陕亦可。

（四）陈谢入陕后，由新亭指挥所部协同吕梁部队（五旅不久可由绥、米返吕梁，作战时受新亭统一指挥），巩固与发展吕梁、太岳两区。

（五）陈谢入陕后，粮食由陕甘宁边区解决，其他一切仍由太岳、太行接济，你们对此应作准备。又，尔后作战，阵地战必多，应多带炮弹。

（六）政治上应作充分之动员工作，务使人人明了西进之伟大政治意义。

军　委

辰敬

根据毛泽东手稿刊印。

## 注　　释

〔1〕这是毛泽东起草的中共中央军委给晋冀鲁豫野战军第四纵队司令员陈赓、政治委员谢富治和副司令员韩钧的电报。中央军委对陈谢纵队西进作战的部署以后作了改变。参见本卷第258页和第264页。

〔2〕新亭，即王新亭（一九〇八——一九八四），湖北孝感人，当时任太岳军区司令员。滕，指滕代远（一九〇四——一九七四），湖南麻阳人，当时任晋冀鲁豫军区第一副司令员。薄，指薄一波，当时任晋冀鲁豫军区第一副政治委员。王，指王宏坤，一九〇九年生，湖北麻城人，当时任晋冀鲁豫军区第二副司令员。贺李，指贺龙、李井泉，当时分别任晋绥军区司令员和政治委员。刘邓，指刘伯承、邓小平，当时分别任晋冀鲁豫野战军司令员和政治委员。彭习，指彭德怀、习仲勋，当时分别任西北野战兵团司令员兼政治委员和副政治委员。

〔3〕胡，指胡宗南，当时任国民党军第一战区司令长官。

〔4〕指陈赓一九四七年四月二十三日给中共中央军委并彭德怀、习仲勋、刘伯承、邓小平、滕代远、薄一波、王宏坤的电报。电报说：目前陕甘宁的努力使胡宗南陷于进退维谷，但其仍未放弃对山西的野心，估计移兵晋南是意中之事。我必须集中最大限度的兵力到山西作战，我意在平汉线暂取守势，刘邓至少以两个纵队增加同蒲线并尽可能抽晋绥兵力参加，先给入晋之胡军以打击，再配合聂荣臻、萧

克部控制正太进取太原，今冬明春再集中主力南渡进入中原，配合陈毅进取徐州。

〔**5**〕阎锡山，当时任国民党军太原绥靖公署主任。

〔**6**〕乡、吉、蒲、大、平、介、灵、孝，指山西乡宁、吉县、蒲县、大宁、平遥、介休、灵石和孝义。

# 中原军起了极大的战略作用

（一九四七年五月二十八日）

郑李〔1〕，并转中原军全体同志，并告刘邓，徐薄滕王，陈谢王韩〔2〕：

我中原各部为着反对卖国贼蒋介石的进攻，从去年七月起在陕南、豫西、鄂西、鄂中、鄂东、湘西等地，在极端困难条件之下，执行中央战略意图，坚持游击战争，曾经钳制了蒋介石正规军三十个旅以上，使我华北、华中主力渡过蒋介石进攻的最困难时期，起了极大的战略作用。所有参加这一英勇斗争的指战员，均为全国人民所敬佩，中央特向你们致慰问之意。所有参加这一斗争的部队，在和优势敌人的艰苦战斗中，虽然遭受了不小损失，但是基本骨干依然保存。中央希望你们在位三、先念二同志领导之下，加紧学习，根据中央路线检讨经验，团结一致，准备为着执行新的战斗任务而奋斗。

中　央

五月二十八日

根据毛泽东手稿刊印。

## 注　　释

〔1〕郑李，指郑位三、李先念，当时分别任中共中央中原局第一副书记和第二副书记。

〔2〕刘邓，指刘伯承、邓小平，当时分别任晋冀鲁豫野战军司令员和政治委员。徐，指徐向前（一九〇一——一九九〇），山西五台人，当时任晋冀鲁豫军区第一副司令员。薄滕王，指薄一波、滕代远、王宏坤，当时分别任晋冀鲁豫军区第一副政治委员、第二副司令员和第三副司令员。陈谢，指陈赓、谢富治，当时分别任晋冀鲁豫野战军第四纵队司令员和政治委员。王，指王新亭，当时任太岳军区司令员。韩，指韩钧（一九一二——一九四九），河南新安人，当时任晋冀鲁豫野战军第四纵队副司令员。

# 做好夺取大西北的一切准备[1]

（一九四七年六月六日）

陈谢韩，并告彭习[2]：

（一）同意你们微电[3]所提意见，准备于十五日后开始北移西渡。（二）你们要开营以上干部大会，反复说明在和晋南很大不同的条件下作战，要准备吃很多的苦，要有克服一切困难的勇气，要有消灭胡宗南[4]、夺取大西北的雄心，并要准备打阵地战（以后运动战将大大减少），学会近迫作业，善于攻坚。以上这些，你们一定要用积极态度向营以上干部说得明明白白，经过他们向战士说明，鼓动一切指战员勇敢地执行新任务。关于陕甘宁边区只能供给你们粮食，其他一切都要太岳自己接济一项，你们也要向干部说得清清楚楚，免得将来发生怨言。总之，你们要有精神上物质上一切充分准备。为此目的，你们可在晋南至军渡之间择一适当地点休息数日，开干部会及军人大会。

军　委

鱼

根据毛泽东手稿刊印。

## 注　释

〔1〕这是毛泽东起草的中共中央军委给晋冀鲁豫野战军第四纵队司令员陈赓、政治委员谢富治和副司令员韩钧的电报。中央军委对陈谢纵队西进作战的部署以后作了改变。参见本卷第258页和第264页。

〔2〕彭习，指彭德怀、习仲勋，当时分别任西北野战兵团司令员兼政治委员和副政治委员。

〔3〕指陈赓、韩钧一九四七年六月五日给中共中央军委的电报。电报说：情况若无变化，我部决心于本月十五日以后开始北移，经汾离公路，由军渡西渡。

〔4〕胡宗南，当时任国民党军第一战区司令长官。

# 一九四七年六月当为开始全面反攻的月份

（一九四七年六月十四日）

朱、刘[1]：

各电均收，处置很对。少奇身体有进步否，望安心休息一个月，病愈再工作。我们身体均好，我比在延安时好得多了。我们自四月中旬移至大理河上游，安静地过了差不多两个月。本月九日至十一日，刘戡[2]四个旅到我们驻地及附近王家湾、卧牛城、青阳岔等处游行一次，除民众略受损失外，无损失。现刘军已向延安、保安[3]之间回窜，其目的全在骚扰。总结边区三个月战争，第一个月地方工作有些混乱。第二个月起即已步入正轨，党政军民坚定地向敌人作斗争。敌人内部互相埋怨日见增多，士气日见下降，对前途悲观。我们则信心甚高，士气甚壮。彭、习[4]率野战军上月底到陇东，因青马[5]八十二师颇顽强，打合水未得手，但歼灭骑二旅一个团及宁马[6]八十一师一个团于曲子附近。目前正攻环县八十一师主力，拟先打开西面包围线，然后向关中进击。陈谢[7]纵队本月休整，决于七月一日西调，协同边区兵团[8]开辟西北局面。东北方面进展极快，不到一个月歼敌六个师（旅）以上，收复三十余城，增加五百万人口，目前正攻四平。山东自歼七十四师后，局面已稳定，现正计划新的攻势作战。刘邓〔9〕本月休整，准备月底出击，并新组四个纵队，今后该区将有八个纵队作战。就全局看，本月当为全面反攻开始月份。你们在今后六个月内如能（一）将晋冀察军事问题解决好，（二）将土地会议开好，（三）将财经办事处建立起来，做好这三件事，就是很大成绩。

毛 泽 东

巳寒

根据手稿刊印。

## 注 释

〔1〕朱、刘，指朱德和刘少奇。

〔2〕刘戡（一九〇八——一九四八），湖南桃源人。当时任国民党军整编第二十九军军长。

〔3〕保安，今陕西志丹县。

〔4〕彭、习，指彭德怀、习仲勋，当时分别任西北野战兵团司令员兼政治委员和副政治委员。

〔5〕青马，指青海马步芳（一九〇三——一九七五），甘肃临夏人。当时任国民党政府主席西北行辕副主任。

〔6〕宁马，指宁夏马鸿逵（一八九二——一九七〇），甘肃临夏人。当时任国民党政府主席西北行辕副主任。

〔7〕陈谢，指陈赓、谢富治，当时分别任晋冀鲁豫野战军第四纵队司令员和政治委员。

〔8〕指西北野战兵团，彭德怀任司令员兼政治委员。

〔9〕刘邓，指刘伯承、邓小平，当时分别任晋冀鲁豫野战军司令员和政治委员。

# 每战应以歼灭孤立分散之敌为主

（一九四七年七月一日）

朱刘，聂[1]转杨罗[2]并告林罗[3]：

（一）现时距雨季尚有一个时期，漕河、北河店间战役[4]结束后休整数日。如定兴、北平间有好仗可打，即集中全力向该段薄弱之敌进击，否则应即转移至永定河以北，向平津路进击。

（二）每打一仗后，如损伤不大时，休整数日至十天即打第二仗，目前不要作整月休息计划。

（三）每次作战计划，以歼灭孤立分散之敌为主，必须对敌方增援有充分之事先准备，但不要将计划重心放在打增援上。因在目前情况下，敌方往往畏惧增援，若决心增援，又往往集中兵力使我不易歼击。

（四）占领之地能守者（如正太、青沧），以地方部队守之，不能守者则不惜立即放弃，让敌重占，以利我再度、三度、四度之歼击。总之，我军必须完全主动，不要有任何被动。

（五）速令杨罗台与军委台通报。

军 委

午东

根据毛泽东手稿刊印。

## 注 释

〔1〕朱刘，指朱德、刘少奇。聂，指聂荣臻，当时任晋察冀军区司令员兼政治委员。

〔2〕杨罗，指杨得志、罗瑞卿，当时分别任晋察冀野战军司令员和第一政治委员。

〔3〕林罗，指林彪、罗荣桓，当时分别任东北民主联军总司令兼政治委员和副政治委员。

〔4〕漕河、北河店间战役，即保北战役。一九四七年六月二十五日至七月六日，晋察冀野战军在保定以北漕河至北河店间发起攻势，共歼国民党军八千二百余人。

# 击灭胡宗南夺取大西北的两个方案

（一九四七年七月四日）

彭习〔1〕：

关于击灭胡宗南〔2〕，夺取大西北，有两个方案仍然值得考虑：（一）陈谢〔3〕纵队照原议来边区，从内线歼灭其相当数量，然后出外线（陇南），与边区集团〔4〕直接协力完成任务。（二）估计到边区人口稀少，粮食及各种供应颇为浩繁；又估计到鄂豫陕三省交界及平汉以西、汉水以北、渭水以南广大地区敌力空虚；又估计到假如使用陈纵于该区，必然要吸引胡部一个军（五个到八个旅）使用于该方面，而如果胡部有一个军出该方面，则边区敌力大减，利于边区集团各个歼敌；又估计到刘邓〔5〕十二万人已渡河向陇海前进，如若陈纵到鄂豫陕边开辟新战场，对刘邓亦有帮助，但陈纵基本任务是协同边区集团击灭胡宗南，夺取大西北，并不变更。以上两案究以何者较为适宜，请予考虑。陈赓七日可到军渡（部队仍在曲、翼〔6〕整训待命），在绥德停一二日，约于十二三日可到小河。你们二位是否可于盐池收复后，令部队在现地休整一时期，自己来小河会商一次。如若你们赞成开会，则我们拟电约贺龙〔7〕同志亦来开会，时间大约可定在十三日。

毛　泽　东

午支四时

根据手稿刊印。

## 注　　释

〔1〕彭习，指彭德怀、习仲勋，当时分别任西北野战兵团司令员兼政治委员和副政治委员。

〔2〕胡宗南，当时任国民党军西安绥靖公署主任。

〔3〕陈谢，指陈赓、谢富治，当时分别任晋冀鲁豫野战军第四纵队司令员和政治委员。

〔4〕指西北野战兵团。

〔5〕刘邓，指刘伯承、邓小平，当时分别任晋冀鲁豫野战军司令员和政治委员。

〔6〕曲、翼，指山西曲沃和翼城。

〔7〕贺龙，当时任陕甘宁晋绥联防军司令员。

# 一年作战总结及今后计划

（一九四七年七月十日）

林、罗、高〔1〕：

战略方针：

（一）第一年作战，除山东外，一切区域均已将敌战略进攻停止，并已转入我军之进攻。敌在陕北虽尚有进攻能力，由于地形等条件，已变为游击性的，我军已能主动作战；东北及太行早已采取攻势；五台〔2〕自改善领导后亦能主动作战；山东敌集中攻我鲁中，估计亦难持久，我军将逐步转入攻势。

（二）第一年我军共歼敌正规军九十七个半旅，七十八万人，歼伪军、保安部队等杂部三十四万人，共歼敌一百一十二万人。

（三）敌军主力仍在南线〔3〕，连被歼者（其中大半已补充，惟人数不足，战力弱，一部在准备补充中）计算在内，共有一百五十四个旅，其中，山东（包括苏北）八十八个旅，太行二十六个旅，西北（包括晋南、榆林、宁夏，不包括兰州以西）四十个旅。北线〔4〕敌力较弱，共有六十四个旅（被歼者在内），其中，东北（不包括冀东、察〔5〕北）二十四个旅，五台及晋绥四十个旅(孙连仲[6]十五个旅,傅作义[7]十个旅,阎锡山[8]十五个旅)。敌后方守备兵力三十个旅,其中,新疆及甘西八个旅,湘、鄂、川、滇、黔五省十六个旅,东南各省及台湾六个旅。全国敌正规军二百四十八个旅,去年七月共有兵员一百八十余万人,一年作战被我歼灭七十八万人,补充六十万,逃亡二十万,现有兵员一百五十万人,今后一年准备补充一百万人。此外尚有特种部队(炮、工、辎、海、空)、伪军、交警[9]及保安部队等一百万人(被歼者除外),后方军事机关一百八十万人。一年作战,敌军士气已衰,厌战情绪高涨,民心尤为厌战,蒋政权在人民中已陷孤立。

(四)我第二年作战应争取歼敌一百个正规旅及大量杂部,使敌由数量上的优势变为劣势,我则变为优势。

(五)我军山东有二十七个头等旅;太行(不包括陈赓[10])有十三个头等旅,十四个二等旅;西北有边区六个旅(其中四个是晋绥来的),陈赓四个旅,晋绥三个旅;五台有九个头等旅,四个二等旅;东北(包括察北、冀东)有头等二等三十二个旅。我全军共计一百一十二个旅(东北、山东两炮纵,东北、晋绥四个骑旅不在内),九十万人。此外,地方部队六十万人,军事机关四十万人。

(六)第二年我军任务:山东、太行两区力求占领长江以北,西北方面力求占领甘、宁大部,北线我军力求占领中长、北宁[11]、平承、平石、平绥[12]、同蒲各路之大部及路上除平、津、沈以外各城,孤立平、津、沈,如能占领沈阳则更好。其中极重要的是占领平绥路,打通东北与华北联系,使华北、西北我军获得军火接济。

（七）上述北线任务应以东北我军为主力，五台、晋绥为辅助完成之。

（八）东北我军目前休整一个月至两个月，约于八九月间发动新攻势，以四个月至六个月时间占领中长、北宁两路之大部，相机夺取长春、四平、辽阳、锦州等城。如能顺利达成上述任务，约在明春即须以东北有力兵团，配合五台、晋绥进攻平绥路。待战争发展平绥附近时，五台、晋绥我军统一归林罗指挥作战。

（九）在第二年计划顺利完成条件下，第三年，山东、太行两主力即可向长江以南发展；东北、五台我军，除留必要兵力攻击平、津、沈及其他第二年尚未占领之城市，并守备本地外，即可以相当数量之兵力加入西北及长江以南作战，而主要是加入西北，以期夺取西北各省及四川全省，巩固后方。

（十）东北军事工业应全力接济关内。目前开始的一年内，你们必须用大力建立大规模军事工业。

（十一）我军作战方针，仍如过去所确立者，先打分散孤立之敌，后打集中强大之敌；先取中等城市及广大乡村，后取大城市；以歼灭敌军有生力量为主要目标，不以保守及夺取地方为主要目标，夺取地方是歼敌有生力量的结果，往往须反复多次才能最后夺取地方；每战集中绝对优势兵力，以一部打正面，以主力打迂回；以俘获敌人的全部武器与大部兵员（十分之九的士兵及少数下级官佐）补充自己，配合土地改革与发展生产，支持长期战争；今后作战，运动战的可能已减少，主要是攻击敌军阵地，必须用大力加强炮兵与工兵。

（十二）以上是一年作战总结及今后计划。你们意见如何，盼告。

毛 泽 东

午灰

根据手稿刊印。

## 注 释

〔1〕林，指林彪，当时任东北民主联军总司令兼政治委员。罗高，指罗荣桓、高岗，当时均任东北民主联军副政治委员。

〔2〕指晋察冀地区。

〔3〕南线，这里指华东、晋冀鲁豫、西北（包括晋南、榆林、宁夏，不包括兰州以西）诸战场。

〔4〕北线，这里指东北、晋察冀、晋绥诸战场。

〔5〕察，指察哈尔省，见本卷第10页注〔3〕。

〔6〕孙连仲（一八九三——一九九〇），河北雄县人。当时任国民党军保定绥靖公署主任。

〔7〕傅作义，当时任国民党军张垣（张家口）绥靖公署主任。

〔8〕阎锡山，当时任国民党军太原绥靖公署主任。

〔9〕交警，指交通警察总队。见本卷第170页注〔3〕。

〔10〕陈赓，当时任晋冀鲁豫野战军第四纵队司令员。

〔11〕中长，即中长路。见本卷第243页注〔7〕。北宁，即北宁路，指北平经天津至沈阳的铁路，今京哈线北京至沈阳段。

〔12〕平绥，即平绥路，指北平至绥远（今属内蒙古自治区）包头的铁路，今京包线。

# 陈谢[1]纵队使用方向改为渡河南进

（一九四七年七月十九日）

刘邓，徐滕薄王，郑李，谢韩[2]：

（一）为着协助陕甘宁击破胡宗南[3]系统，同时协助刘邓经略中原，决将陈谢纵队使用方向改为渡河南进，首先攻占潼洛郑段，歼灭该区敌人，并调动胡军相机歼灭之。尔后向豫西、陕南、鄂北进击，创建鄂豫陕边区根据地，作为夺取大西北之一翼。陈谢纵队仍属彭习[4]序列不变，同时仍属晋冀鲁豫建制。

（二）提议赵基梅[5]纵队（五师主力）、秦基伟[6]纵队及孔汪三十八军[7]与陈谢纵队一同南进，统受陈谢指挥。

（三）上述陈、赵、秦、孔四部统于电到二十天内完成一切政治、军事、经费、干部等项准备工作，未皓[8]以前渡河。

（四）一切准备注意机密。

（五）陈赓日内回太岳。

军　委

午皓

根据毛泽东手稿刊印。

## 注　释

〔1〕陈谢，指陈赓、谢富治，当时分别任晋冀鲁豫野战军第四纵队司令员和政治委员。

〔2〕刘邓，指刘伯承、邓小平，当时分别任晋冀鲁豫野战军司令员和政治委员。徐滕薄王，指徐向前、滕代远、薄一波、王宏坤，当时分别任晋冀鲁豫军区第一副司令员、第二副司令员、第一副政治委员和第三副司令员。郑，指郑位三，当时任中共中央中原局第一副书记。李，指李先念，当时任中共中央中原局第二副书记、晋冀鲁豫野战军副司令员。韩，指韩钧，当时任晋冀鲁豫野战军第四纵队副司令员。

〔3〕胡宗南，当时任国民党军西安绥靖公署主任。

〔4〕彭习，指彭德怀、习仲勋，当时分别任西北野战兵团司令员兼政治委员和副政治委员。

〔5〕赵基梅（一九一〇——一九四七），湖北麻城人。当时任晋冀鲁豫野战军第十二纵队司令员。第十二纵队前身为新四军第五师。

〔6〕秦基伟，一九一四年生，湖北黄安（今红安）人。当时任晋冀鲁豫野战军第九纵队司令员。

〔7〕孔，指孔从周，即孔从洲（一九〇六——一九九一），陕西西安人，当时任西北民主联军第三十八军军长。汪，指汪锋，当时任西北民主联军第三十八军政治委员。

〔8〕未皓，即八月十九日。

# 在小河中共中央扩大会议上的讲话[1]

（一九四七年七月二十一日）

## 一

关于军事计划，西北战场原先打算由西北野战兵团和陈赓[2]纵队两部集中起来打胡宗南[3]，现在决定分开打[4]，这样在战略上和粮食供给上都有利。今年我们只能削弱胡宗南，到明年七月可以造成消灭他的条件。陕甘宁边区在军事上和财政上都以依靠晋绥边区为主，今后更是如此，因为战争使陕甘宁边区的地方和人口都缩小了。现在决定由贺龙同志以陕甘宁晋绥联防军司令的资格来统一指挥，解决统一后方、精简节约和地方工作三个问题。

对蒋介石的斗争，计划用五年的时间来解决，从过去这一年的成绩来看是有可能的。山东的局面最近可以转变，陕甘宁边区还不能，但基本上停止了敌人的进攻，这就为以后转变局面打下了一个基础。过去一年消灭蒋介石正规军和非正规军一百一十二万人，我们伤亡三十几万人，假定第二、第三年的战争更激烈些，五年就要准备伤亡二百万人。现在我们有主力部队九十万人，地方部队六十万人，如能把主力扩展到一百五十万人，就足够解决问题了。

蒋介石在政治上更加孤立了，也就是说人民群众更加不信任他，他更加众叛亲离了。当然还没有到彻底孤立的地步，还有一些人迷信他，这需要有一个过程。过去在抗战时期我们对蒋介石顽固派的方针就是孤立他，在统一战线中我们一方面要作若干让步，另一方面又要坚持政治上的独立自主，在根据地实行减租减息，在国民党区域开展群众工作，批评顽固分子。我们没有犯像美国共产党在一个时期所犯的那种错误[5]，也没有等到抗战结束以后再转变方针，那样就来不及了。在日本投降以后，国共和谈是必要的。虽然我们希望全部问题政治解决的目的没有达到，但蒋介石的确是更加孤立了。只有经过长期地教育群众，我们党才能在今年“七七”提出十六条口号[6]。对蒋介石的斗争计划用五年的时间来解决，现在不公开讲出来，还是要准备长期斗争，五年到十年甚至十五年，而不要像蒋介石那样，先说几个月消灭共产党，后来又说还要几个月，到现在又说战争才开始。

抗战结束以来，党的统一战线的成分正在发生变化：一部分人减少了，一部分人增加了。减少的是解放区的地主，因为我们现在搞土地改革，不像抗战时期仅仅实行减租减息。但南方的地主却因征兵征粮首先同蒋介石闹翻，而同我们还没有决裂。增加的是中间派，这些人在抗战时期更相信蒋介石，现在则和我们共同反抗蒋介石，这种情况是十年内战时期所没有的。黄炎培[7]在抗战时期对新四军很满意，但不能和我们共同抵制国民参政会[8]，现在他对苏北的土地改革不满意，但能和我们共同抵制伪国大〔9〕。坚持土地改革不至于吓跑民族资本家，但不坚持土地改革势必会丧失农民，从而丧失革命战争，也丧失民族资本家。土地改革应该采取平分土地的方针，地主不要多分，但不能不分。土地改革要和统一战线相结合。十年内战时期我们犯过“左”的错误，一是在土地革命中地主不分田、富农分坏田，现在我们是一律平分；二是在城市中没有建立统一战线，不团结民族资本家，现在我们是采取打倒官僚资本而保护民族工商业的政策。

关于国际情况，英、美继续联合在一起，企图孤立苏联，似乎德黑兰会议、波茨坦会议〔10〕关于通过国际合作来解决问题的原则发生了动摇。现在虽然还不能说英、美、苏一定不会共同签订对德和约，但分别签订的可能性已经存在，这是对于七大关于国际形势的分析的一个修正，但现在还不能作最后的结论。出现了以美国反动派为首的各国反革命统一战线是可以肯定的，他们企图搞第三次世界大战。另一方面，以苏联为首的各国革命统一战线也大大发展了，这个统一战线将要战胜反革命的统一战线。我们不要来一阵风就被吓倒，对形势要作分析。中央今年二月一号指示〔11〕中提到的三个因素——苏联的强大，各国人民的进步，资本主义的经济危机，仍旧没有改变。资本主义的经济危机将迫使英、美和苏联进行贸易，给苏联以建设的机会，给中国革命和各国人民加强团结的机会。上一次世界资本主义的经济危机使美国不能不和苏联复交。波立特〔12〕说一九二八年是资本主义世界反共的最高峰，而一九二九年的经济危机使这一高峰下降。现在的反苏也只是限于宣传和外交方面。反共实际上是反对各国人民。各国反革命和中国反革命有一个共同点，就是外强中干，这是由于他们存在政治危机和经济危机。蒋介石的总动员令[13]就说明了这一点。总动员令还解决了一个极大的问题，就是使要求和平的人民认清了国民党发动内战的本来面目。分析形势，要看到全国人民的同情、全世界人民的同情、民族统一战线、土地革命，这些是经常起作用的因素，而国民党军队的优势，发动突然的进攻，这些是临时起作用的因素。蒋介石内部紧迫的危机，美国即将到来的危机，终归要使他们走向众叛亲离。众叛是群众不要他们，亲离是内部不和。蒋介石内部不和，蒋、美之间也不和。

地方工作就是要联系群众，其中心是要解决土地问题。要学晋西北的方法，搞贫农团，坚决克服一些干部中偏向地主富农的情绪。犯了错误的干部，多数可以教育好，少数教育不好的清除出去，有利无害。这是一个原则问题，相信西北局的同志可以实现这个任务。

## 二

金融、贸易系统存在的根本错误是两个：第一，只看财政不看经济，只看少数不看多数。不知道金融贸易系统如果不采取正确的方针，其他方面的工作就难以着手。第二，没有对外严格统制，大公、小公、群众贸易都要严格统制，这是任何弱小革命力量对反革命势力的包围作斗争时所必须坚决实行的。总之，以后一个时期应该坚持自给自足、对外统制、军民兼顾的原则。这个问题解决起来是有困难的，必须有步骤地去做。

## 三

处处从全面、长期着想，这一个口号非常重要，要在全党全军中去解释。敌人把取胜放在我们不能长期支持这一点上。我们的对策就是主力转入外线，内部精简节约。各个边区要实行简政，降低生活水平，先从干部降起。对外贸易必须严格统制，不但奢侈品、非必需品不许入口，就是日用必需品必要时也不许入口，而由自己生产。中纺公司的布又好又便宜，我们还是要禁止入口，发展农村的自纺自织，只有这样才有活路。金融、贸易是为整个国民经济服务的，一定要实行军民兼顾。

## 四

关于土地问题。我们在十年内战时期的土地政策，到抗战时期必须改变，否则就不能缓和国内矛盾和根据地内部的矛盾，发展中国人民自己的力量，共同打日本。当时，我们根据地的政权实行“三三制”〔14〕，同地主阶级也搞统一战线，这并不影响下层政权，也不限制群众的斗争。现在一般来说“三三制”仍旧不变，但对它的解释是共产党员、进步分子和中间派各占三分之一，而不包括反动地主。土地政策今天可以而且需要比五四指示〔15〕更进一步，因为农民群众要求更进一步，如土地推平。平分土地是一个原则，但按情况不同可以有某些伸缩，如对杜斌丞、侯外庐〔16〕，但对共产党员不应该有例外。中农的土地应该不动，但在群众运动的大潮流中和中农同意的情况下，要富裕中农拿出少许土地也是许可的，这种做法不要正式写在文件上。我们的部队打到外线去以后，与其马上没收地主的土地，不如先按阶级路线摊派征税，立即实行耕者有其田势必造成强迫群众去做。西北财经工作中出现的问题，中央领导上也应该负责。西北局的领导应该增加魄力，对错误采取尖锐、严肃的态度，加强具体领导，以达到团结同志和团结群众的目的。陕甘宁这个区域有几个有利条件便于团结群众坚持斗争：第一，有本地领导骨干。这是就整个边区来说的，但三边〔17〕、陇东及其他某些县区还没有解决这个问题。这个边区是土地革命时期留下的唯一的一个区域，保存了几千干部，其中只有极少数人是腐化得不可救药了，大多数干部是好的，有些人犯了错误也是可以教育的，他们在工作中出的问题有许多是因为我们在政策上交待得不明确。领导上承担一定的责任，这是一个重要的工作方法。第二，有政治上可靠的军队。第三，人民是好的。第四，保留了土地革命时期老区的许多好的工作作风。有了这些条件，敌人是可以被战胜的。

根据中央档案馆保存的
讲话记录稿刊印。

## 注　　释

〔1〕本篇一是毛泽东的讲话，二、三、四是毛泽东的插话。

〔2〕陈赓，当时任晋冀鲁豫野战军第四纵队司令员。

〔3〕胡宗南，当时任国民党军西安绥靖公署主任。

〔4〕参见本卷第 258 页和第 264 页。

〔5〕指白劳德解散美国共产党的错误。一九四三年苏、美、英三国首脑德黑兰会议后，当时担任美国共产党总书记的白劳德，用“阶级合作”的观点来解释德黑兰会议，并于一九四四年四月发表了《德黑兰：我们在战争与和平中的道路》一书。白劳德认为，要实现同垄断资产阶级的合作，无产阶级就必须放弃自己的奋斗目标和取消自己独立的政党。一九四四年五月，白劳德主持解散了美国共产党，另组非党的美国共产主义政治协会。白劳德的错误一开始就遭到以福斯特为首的许多美国共产党员的反对，一九四五年六月，在福斯特领导下，美国共产主义政治协会通过了批判白劳德路线的决议，同年七月，又举行特别代表大会，决定重建美国共产党。

〔6〕指一九四七年七月七日《人民日报》（中共晋冀鲁豫中央局机关报）发表的《中国共产党中央委员会“七七”纪念日发布对时局口号》，其中提出了坚决、彻底、干净、全部地消灭一切蒋介石进犯军，反对蒋介石的内战、饥饿、独裁、卖国政策，成立民主联合政府，以及没收官僚资本，实行土地改革，保护民族工商业等项主张。

〔7〕黄炎培（一八七八——一九六五），上海川沙人。当时任中国民主建国会常务理事。

〔8〕国民参政会，是国民党临时全国代表大会于一九三八年三月三十一日决议设置的最高咨询机关。参政员由国民党政府指定，国民党员占大多数。国民参政会成立初期，对于团结全国人民，发扬抗日民主，推动全面抗战起了一定作用。随着国民党消极抗日、积极反共政策的发展，国民参政会越来越成为国民党政府的御用工具。抗日战争结束后，国民党召开“国民大会”，国民参政会于一九四七年五月举行第四届第三次大会后撤销。

〔9〕见本卷第201页注〔14〕。

〔10〕德黑兰会议，是一九四三年十一月二十八日至十二月一日苏、美、英三国首脑在伊朗首都德黑兰举行的关于加速打败法西斯和战后世界安排等重大问题的会议。会议签署了《苏美英三国德黑兰宣言》和《苏美英三国关于伊朗的宣言》。波茨坦会议，是一九四五年七月十七日至八月二日苏、美、英三国首脑在德国柏林附近的波茨坦举行的进一步商讨关于战后世界的安排及苏联对日出兵问题的会议。会议期间，经中国政府同意，于七月二十六日发表了《中美英促令日本投降之波茨坦公告》。

〔11〕指毛泽东一九四七年二月一日为中共中央起草的对党内的指示《迎接中国革命的新高潮》(《毛泽东选集》第四卷,人民出版社 1991 年版,第 1211—1217 页)。

〔12〕波立特(一八九〇——一九六〇),英国共产党创始人之一。当时任英国共产党总书记。

〔13〕总动员令,指国民党政府一九四七年七月四日发布的《戡平共匪叛乱总动员令》。

〔14〕“三三制”,见本卷第 225 页注〔13〕。

〔15〕五四指示,指中共中央一九四六年五月四日《关于土地问题的指示》。《指示》决定将抗日战争期间实行的减租减息政策,改变为没收地主土地分配给农民的政策。

〔16〕杜斌丞(一八八八——一九四七),陕西米脂人,当时任中国民主同盟中央常务委员兼西北总支部主任委员。侯外庐(一九〇三——一九八七),山西平遥人,历史学家。

〔17〕三边,指陕西定边、安边和靖边。

# 对确保与扩大
# 战略主动权的军事部署

（一九四七年七月二十三日）

刘邓，陈粟谭〔1〕，华东局：

在目前情况下，为了确保与扩大已经开始取得的主动权，对军事部署建议如下：

（一）刘邓对羊山集、济宁两点之敌，判断确有迅速攻歼把握则攻歼之，否则立即集中全军休整十天左右，除扫清过路小敌及民团外，不打陇海，不打新黄河〔2〕以东，亦不打平汉路，下决心不要后方，以半个月行程，直出大别山，占领大别山为中心的数十县，肃清民团，发动群众，建立根据地，吸引敌人向我进攻打运动战。我们已令陈赓〔3〕纵队，并指挥太行纵队、五师〔4〕、三十八军共七万余人，八月下旬出豫西，建立鄂豫陕边区根据地，吸引胡宗南〔5〕一部打运动战。

（二）陈士榘所部〔6〕在未能出泗、曲〔7〕与叶陶〔8〕会合，因而不得不出鲁西情况下，邱清泉、吴绍周〔9〕两集团可能迅出鲁西，并可能集中行动，不利歼击。因此，陈唐应以一部钳制邱、吴，主力迅速行动，放手歼击陇海线上及其以北地区分散孤立薄弱之敌，扩大该区战场，钳制邱、吴于该区内，待其分散时相机歼其一部。陈唐不可轻出陇海以南，仅在必要时可临时以一部或大部出至陇海、新黄河、淮河之间机动。尔后，陈唐可往来陇海南北机动，并可以一部回至鲁南配合主力作战。

（三）叶陶两纵出闽浙赣，创立闽浙赣根据地。其步骤：第一步，于现地休整数日，迅速歼击泰安、大汶口、肥城、平阴、东阿、东平地区之敌，占领该区，以一个半月至两个月时间，在该区内（或在聊城）完成休息、补充、配备干部及政治动员；第二步，出至皖西，建立临时根据地；第三步，相机渡江至皖南，建立第二临时根据地；第四步，至闽浙赣目的地。广东纵队〔10〕受叶陶指挥随同南下，并请考虑组织东南分局，子恢、鼎丞、曾山〔11〕前往主持。

（四）陈粟谭率鲁中主力并在刘邓到大别山后，指挥陈唐担负整个内线作战任务。陈谢集团〔12〕至豫西后受刘邓指挥作战。

中央军委

午漾

根据毛泽东手稿刊印。

## 注　释

〔1〕刘邓，指刘伯承、邓小平，当时分别任晋冀鲁豫野战军司令员和政治委员。陈粟谭，指陈毅、粟裕、谭震林，当时分别任华东野战军司令员兼政治委员、副司令员和副政治委员。

〔2〕新黄河，见本卷第46页注〔4〕。

〔3〕陈赓，当时任晋冀鲁豫野战军第四纵队司令员。

〔4〕五师，指原新四军第五师，李先念任师长兼政治委员。

〔5〕胡宗南，当时任国民党军西安绥靖公署主任。

〔6〕指华东野战军第三、第八、第十纵队，当时由参谋长陈士榘、政治部主任唐亮指挥。

〔7〕泗、曲，指山东泗水和曲阜。

〔8〕叶，指叶飞，当时任华东野战军第一纵队司令员。陶，指陶勇（一九一二——一九六七），安徽霍丘人，当时任华东野战军第四纵队司令员。

〔9〕邱清泉（一九〇二——一九四九），浙江永嘉人，当时任国民党军整编第五师（原第五军）师长。吴绍周，当时任国民党军整编第八十五师师长。

〔10〕广东纵队，当时指归华东野战军建制与指挥的两广纵队。

〔11〕子恢，即邓子恢，当时任中共中央华东局副书记。鼎丞，即张鼎丞，当时任中共中央华东局常委。曾山，当时任中共中央华东局常委。

〔12〕陈谢集团，由晋冀鲁豫野战军第四纵队、第九纵队、西北民主联军第三十八军和太岳军区第二十二旅组成，一九四七年七月二十七日正式成立集团前委，陈赓任书记，谢富治任副书记。

# 做好到国民党区域作战的准备工作

（一九四七年七月二十六日）

滕薄王[1]，并告刘邓，谢韩，郑李[2]：

敬[3]电悉。（一）已令各部加速准备，按时出动，甚慰。赵[4]纵最好能与各部同时出动。（二）各部除完成新兵补充，军事整训，干部配备及经济、粮食、船只等项准备工作外，还必须做两件事：第一，必须进行充分的政治动员，使一切指战员明了任务的光荣与重要性，指出到国民党区域作战与在解放区作战的不同，指出战胜国民党的各项条件，使一切人具有克服困难的决心与勇气，具有远征意志，完成充分的精神准备。第二，各纵、各旅领导机关，必须由你们派人帮助他们研究并确定到国民党区域工作的各项政策，包括如何征集粮食，如何发动群众，如何利用与对付国民党的保甲、税收机关及区乡政府人员，如何对付地主武装及建立群众武装等项。

军　委

午宥

根据毛泽东手稿刊印。

## 注　　释

〔1〕滕薄王，指滕代远、薄一波、王宏坤，当时分别任晋冀鲁豫军区第二副司令员、第一副政治委员和第三副司令员。

〔2〕刘邓，指刘伯承、邓小平，当时分别任晋冀鲁豫野战军司令员和政治委员。谢韩，指谢富治、韩钧，当时分别任晋冀鲁豫野战军第四纵队政治委员和副司令员。郑，指郑位三，当时任中共中央中原局第一副书记。李，指李先念，当时任中共中央中原局第二副书记、晋冀鲁豫野战军副司令员。

〔3〕敬，即二十四日。

〔4〕赵，指赵基梅，当时任晋冀鲁豫野战军第十二纵队司令员。

# 刘邓[1]军出大别山的准备工作

（一九四七年七月三十日）

刘邓，并告陈谢韩[2]，及陈粟谭[3]：

午陷电[4]悉。如你们决心直出大别山，请注意下列各点：

（一）开一次团长以上干部会，除告以各种有利条件外，并设想各种困难条件，建立远征意志。

（二）营长以上每人发鄂、豫、皖三省有县境的明细地图一份，油印的亦好，如能每连发一份更好，使一切干部明白地理环境。

（三）大体确定征粮、征税办法，告知一切干部，土地革命时期打土豪办法所得不多，名誉又坏，在我方政权未建立以前，仍应暂时利用国民党下层机构及税收机关（在我党有力人员监督指挥之下），以大体上的累进方法征粮，惟免除赤贫人口负担，方能解决大军给养。国民党人员未逃跑者，除极坏分子外，均可利用，逐步过渡到人民政权。

（四）如皮定均旅[5]一时调来不及，请考虑以赵[6]纵使用于大别山。该纵由潼、洛[7]渡后直趋大别山。陈谢则使用三十八军于豫西建立根据地。

（五）如你们决定直趋大别山，决心不要后方，亦应使陈谢建立此种决心。如陈谢于八月下旬渡河，可能争取一个月时间，在豫西立住脚跟。胡[8]军主力由靖边、横山线南调，估计至少须一个月行程，该敌十分疲劳。

军　委

午三十

根据毛泽东手稿刊印。

## 注　　释

〔1〕刘邓，指刘伯承、邓小平，当时分别任晋冀鲁豫野战军司令员和政治委员。

〔2〕陈谢韩，指陈赓、谢富治、韩钧，当时分别任晋冀鲁豫野战军陈谢集团前委书记、副书记和常委。

〔3〕陈粟谭，指陈毅、粟裕、谭震林，当时分别任华东野战军司令员兼政治委员、副司令员和副政治委员。

〔4〕指刘伯承、邓小平一九四七年七月三十日给中共中央军委等的电报。电报说，连日来我们再三考虑军委二十三日电提出的方针，恰好顷接二十九日电，决心于休整半个月后出动，以适应全局之需要。照现在情况，我们当面有敌十九个旅，至少有十个旅会尾随我部行动，故我部不宜仍在豫皖苏，而以直趋大别山，先与陈谢集团成犄角之势，实行宽大机动为适宜，准备无后方作战。建议陈士榘、唐亮兵团在鲁西南拉一下敌人，山东抽出原皮定均旅到大别山作军区骨干。

〔5〕皮定均旅，指原中原军区第一纵队第一旅，旅长皮定均。该旅此时编为华东野战军第一纵队独立师，皮定均已调任第六纵队副司令员。

〔6〕赵，指赵基梅，当时任晋冀鲁豫野战军第十二纵队司令员。

〔7〕潼、洛，指陕西潼关和河南洛阳。

〔8〕胡，指胡宗南，当时任国民党军西安绥靖公署主任。

# 整顿队势以利争取新胜利

（一九四七年八月六日）

刘邓，陈粟[1]，并请转告陈唐叶陶[2]：

目前整个形势对我有利，敌已分散，我已集中。敌机动兵力分置于鲁中、运东、陇海（桂系等）三处，加以鲁西之敌新受巨创，士气不振，我则以一部钳制鲁中之敌，主力位于鲁西南；敌虽想从运河、陇海两线向鲁西南进攻，但估计短时间内尚不可能；敌目前既怕你们全力向东攻邱、欧[3]，又怕你们全力向南攻陇海。在此情况下，你们全军可以安全休整十天内外，鼓励士气，整顿队势，以利争取新胜利。此次华东各部虽有几仗未打好，但完成了集中兵力、分散敌人之巨大任务。待陈粟率野直及六纵到郓、巨[4]，我军实力更厚，领导更强，对于争取新胜利极为有利。中央特向你们致慰问之意，并问全军将士安好。

中　央

未鱼

根据毛泽东手稿刊印。

## 注　释

〔1〕刘邓，指刘伯承、邓小平，当时分别任晋冀鲁豫野战军司令员和政治委员。陈粟，指陈毅、粟裕，当时分别任华东野战军司令员兼政治委员和副司令员。

〔2〕陈，指陈士榘，当时任华东野战军参谋长。唐，指唐亮（一九一〇——一九八六），湖南浏阳人，当时任华东野战军政治部主任。叶陶，指叶飞、陶勇，当时分别任华东野战军第一纵队司令员和第四纵队司令员。

〔3〕邱，指邱清泉，当时任国民党军整编第五师（原第五军）师长。欧，指欧震（一八九九——一九六九），广东曲江人，当时任国民党军陆军总司令部徐州司令部第三兵团司令官。

〔4〕郓、巨，指山东郓城和巨野。

# 对刘邓[1]出动后敌之对策的估计

（一九四七年八月六日）

刘邓，并告陈粟谭，陈谢[2]：

你们对于出动后敌之可能对策估计如何？我们觉得敌可能采取两种或三种办法。第一种办法，迅速组织进攻，使你们不能立足。但此种办法难于调动很多军队，估计可用于进攻者约十二个旅（或较多）左右，即七师、四十八师、十师、七十九师、三师、五十八师各两个旅。其中除桂系外，战力均不甚强。其出发地点不一，在短期内，势必参差不齐。如我能于运动中歼灭其四五个旅，其攻势必受顿挫，我可取得休息机会，以利再战。敌此种办法的基本缺点，是进攻兵力太少，我之回旋余地甚大，并有迫我渡江南进之危险（敌很怕此着）。第二种办法，宁可给我以立足机会，不急于尾我进攻。除上述十二个旅（或较多）外，并从山东抽调十几个旅，共二十几个旅，以一个月至两个月时间，先从长江、平汉两线完成部署，然后向西向北进攻。此种办法之基本缺点，是给我以立足时间，且使山东攻势完全破坏，鲁西、豫东亦大部难保，即使集中二十几个旅，分两线多路进攻，我亦可能于运动中各个击破之。第三种办法，即同时采用上述两种办法，既以十二个旅左右分数路迅速进攻，又从山东抽调十几个旅用于长江方面。你们必须同时准备对付这几种办法，而主要准备对付第一种办法，即用全副精神注意于运动中大批歼灭敌人，一切依靠打胜仗。陈、谢出豫西后，胡宗南〔3〕对陕北攻势必被破坏，除现已东调十师两个旅、七十九师一个旅及骑一旅外，必再调至少六七个旅，使用于潼关、商、洛〔4〕方面，估计一个月内，很难举行有力进攻。此外，我两路南出后，合肥、安庆、鄂东、汉口、平汉沿线，汉水流域及南阳、潼关、洛阳等地均须守备，而要守备这许多地方，非有几十个旅不可。敌在山东、鲁西、陕北之机动部队共有四十五个旅（山东二十九，鲁西八，陕北八），守备兵力则有九十六个旅（被歼者在内）。为要抽出几十个旅守备长江、汉水、平汉各地，不但有大减陇海线及其以北各地守备兵力之可能，且有将机动兵力一部改为守备兵力之可能。如此，则全局可能引起变化。只有在我南出兵团不能大量歼敌，因而不能立足，被迫缩回之情况下，便只能起临时调动敌人之作用，不能起变化全局之作用，且需付以较大伤亡、减员之代价。此种代价，无论起何种作用均须准备付出，但如能取得变化全局之作用，则付出此种代价更加值得。

军　委

未鱼

根据毛泽东手稿刊印。

## 注　　释

〔1〕刘邓，指刘伯承、邓小平，当时分别任晋冀鲁豫野战军司令员和政治委员。

〔2〕陈粟谭，指陈毅、粟裕、谭震林，当时分别任华东野战军司令员兼政治委员、副司令员和副政治委员。陈谢，指陈赓、谢富治，当时分别任晋冀鲁豫野战军陈谢集团前委书记和副书记。

〔3〕胡宗南，当时任国民党军西安绥靖公署主任。

〔4〕商、洛，指陕西商县(今商州)和洛南。

# 对我军南进的三点意见

（一九四七年八月十二日）

刘邓〔1〕，并告陈粟〔2〕：

有三点请你们斟酌：

（一）鉴于二万五千里长征时期休息太少，疲劳太甚，减员太多，而那种性急有许多是不必要的；此次我军南进，必须减少不必要的性急，力争少走路、多休息，情况紧张时应当走几天长的，但应跟着休息几天，恢复疲劳。

（二）在目前几个星期内，必须避免打大仗，专打分散薄弱之敌，不打集中强大之敌，待我军习惯于无后方外线行动，养精蓄锐，又在有利于我之敌情、地形条件下，方可考虑打大仗。

（三）不要希望短期内就能在大别山、豫西、皖西等地建立巩固根据地，这是不可能的，这些都只能是临时立足点。必须估计到我军要有很长时间（至少半年）在江河之间东西南北地区往来机动，宣传群众，发动群众，并在歼灭敌人几十个旅之后，方能建立巩固根据地。

（四）以上三点，如刘邓认为可行，则请告知陈唐、叶陶〔3〕

一体遵行，使大家有精神准备，以利战胜蒋介石。

军　委

未文

根据毛泽东手稿刊印。

## 注　释

〔1〕刘邓，指刘伯承、邓小平，当时分别任晋冀鲁豫野战军司令员和政治委员。

〔2〕陈粟，指陈毅、粟裕，当时分别任华东野战军司令员兼政治委员和副司令员。

〔3〕陈唐，指陈士榘、唐亮，当时分别任华东野战军参谋长和政治部主任。叶陶，指叶飞、陶勇，当时分别任华东野战军第一纵队司令员和第四纵队司令员。

# 在今后四个月内争取整个军事形势的转变

（一九四七年八月二十一日）

朱刘，刘邓，陈粟，林罗，贺习，饶黎谭，陈谢，聂萧，杨罗，叶杨，井泉，徐滕薄[1]：

（一）我们自靖边之小河，经石湾、绥德、米脂、佳县及通秦寨附近，昨日转至榆林东南百二十里、镇川堡正北八十里之梁家岔地区（老苏区），与主力会合，大家都安全。

（二）刘戡[2]率七个旅昨日进至镇川堡、佳县一线，另三个旅至绥德一带。我军集中八个旅，今日拂晓开始歼击三十六师于镇川堡、乌龙铺之间，黄昏解决战斗，除小部逃脱外，该师主力被歼[3]。经此一战，局势即可改变，利于陈谢南进。

（三）我刘邓全军于未皓[4]全部渡过沙河，并占项城等数县城，向大别山前进；我陈唐、叶陶[5]四个纵队现至鲁西南成武、单县地区，从内线钳制敌人，以利刘邓行动；陈粟率六纵及炮纵至聊城地区，会合宋时轮[6]十纵及李先念[7]部，略作休整即出鲁西南；许世友、谭震林[8]率四个纵队现在胶东休整，准备歼击鲁中之敌；我陈谢集团（陈谢四纵四个旅，秦基伟[9]九纵三个旅及孔从周[10]三十八军）定于未马[11]渡河进攻潼、洛〔12〕及豫西。由于以上各项行动及陕北胜利已使并将使南线各敌处于被动地位，我之战略局势大为改善。东北我军再有一个多月休整补充即可大举出击。晋察冀我军亦正准备出击。

（四）我全党全军应在目前数月内一致努力，克服一切困难，争取整个军事形势的转变。申酉戌亥〔13〕四个月将是敌我两军转变形势的关键，务望各同志齐心协力，争取胜利。

（五）以上各点望转告所属，一体知照。

中　央

未马

根据毛泽东手稿刊印。

## 注　　释

〔1〕朱刘，指朱德和刘少奇。刘邓，指刘伯承、邓小平，当时分别任晋冀鲁豫野战军司令员和政治委员。陈粟，指陈毅、粟裕，当时分别任华东野战军司令员兼政治委员和副司令员。林罗，指林彪、罗荣桓，当时分别任东北民主联军总司令兼政治委员和副政治委员。贺习，指贺龙、习仲勋，当时分别任陕甘宁晋绥联防军司令员和政治委员。饶黎谭，指饶漱石、黎玉、谭震林，当时分别任华东军区政治委员、副政治委员和华东野战军副政治委员。陈谢，指陈赓、谢富治，当时分别任晋冀鲁豫野战军陈谢集团前委书记和副书记。聂萧，指聂荣臻、萧克，当时分别任晋察冀军区司令员兼政治委员和副司令员。杨罗，指杨得志、罗瑞卿，当时分别任晋察冀野战军司令员和第一政治委员。叶，指叶剑英，当时任中共中央后方委员会书记。杨，指杨尚昆，一九〇七年生，四川潼南人，当时任中共中央后方委员会副书记。井泉，即李井泉，当时任晋绥军区政治委员。徐滕薄，指徐向前、滕代远、薄一波，当时分别任晋冀鲁豫军区第一副司令员、第二副司令员和第一副政治委员。

〔2〕刘戡，当时任国民党军整编第二十九军军长。

〔3〕一九四七年八月二十日拂晓，西北野战军发起沙家店战役，歼灭胡宗南集团主力之一的整编第三十六师师部及两个旅，共歼敌六千余人。从这个战役开始，西北野战军转入战略反攻。

〔4〕未皓，即八月十九日。

〔5〕陈唐，指陈士榘、唐亮，当时分别任华东野战军参谋长和政治部主任。叶陶，指叶飞、陶勇，当时分别任华东野战军第一纵队司令员和第四纵队司令员。

〔6〕宋时轮，当时任华东野战军第十纵队司令员。

〔7〕李先念，当时任晋冀鲁豫野战军副司令员。

〔8〕许世友，当时任华东野战军东兵团司令员兼第九纵队司令员。谭震林，当时任华东野战军副政治委员兼东兵团政治委员。

〔9〕秦基伟，当时任陈谢集团第九纵队司令员。

〔10〕孔从周，即孔从洲，当时任西北民主联军第三十八军军长。

〔11〕未马，即八月二十一日。

〔12〕潼、洛，指陕西潼关和河南洛阳。

〔13〕申酉戌亥，即九月、十月、十一月、十二月。

# 西兵团[1]的作战任务

（一九四七年八月二十四日）

陈粟[2]，并告刘邓[3]，华东局：

粟裕同志巧酉电[4]意见极为正确。西兵团作战范围规定为黄河以南，淮河以北，运河以西，平汉以东，望转示榘唐、叶陶[5]及六、十两纵及炮纵坚决执行。目前除六纵、十纵、炮纵在聊城张秋镇休整，迅速准备南进外，请令榘唐、叶陶遵刘邓智辰、马申[6]两电，攻占鲁西南各薄弱县城，并大举破袭汴徐线。第二步准备向路南行动，务必采取积极行动，策应刘邓作战。现已有约二十个旅之敌军向刘邓方面前进，鲁西南及豫皖苏边区较为空虚。你们必须在九、十两月内歼灭几部敌人，攻占多数薄弱城镇，逐步将此两区创造成有利战场及支援刘邓之后方。若西兵团在九、十两月内不能达到上述目的，而使刘邓在大别山站不住脚甚或遭受不利，因而被迫北返，则于大局不利。部队每旅有五千人左右即很可作战，不应经常顾虑补充，应当提倡不怕牺牲、不怕困难、连续作战、猛攻猛打之作风。一个大的战役（包括几个战斗）之后，休整时间亦不宜过长，十天半月即够，整月休整之事，一年只宜有一次或二次，因为敌情不许可我们作长时间休整。彭副司令[7]指挥之西北野战军原来只有六个旅，本月始由晋西北增加两个旅，每旅人数少者三千，多者五千，共不过三万四千人，其中包括两个战力很弱的地方旅，五个多月（三月十九日起）作战，完全未补充解放区新兵，补充的都是俘虏兵，五个月共歼敌约八个旅。他们连续作战，每次作战后只有五天至多十天之休息，但现在不但人数比战前略为增多，战斗力也增强了。我华东军在第一年作战中，已表现自己为全国各区战绩最大的军队，七月减员较多，无损大局。希望你们尽速赶至鲁西南，统一指挥西兵团各纵，配合当地地方兵团，完成中央付给我华东军的伟大任务。我相信你们必能完成此种任务。为着使执行任务坚决有力，必须使全兵团一切部队从上至下（一切指战员）明确了解自己任务。此次西兵团仓卒出动，对于在运河以西、淮河以北、黄河以南、平汉以东地区作战之新任务尚未充分传达。望令各纵首长迅速传达，并令各级干部研究地理环境（营长以上每人发简明地图一张）及民情、敌情，以利作战。第二年作战基本任务是将战争引向国民党区域，部分任务是在内线歼灭敌人，借以破坏国民党之计划（将战争引向解放区，破坏解放区，使不能持久），达到我们分散敌人，各个击破敌人，并使解放区不被破坏，使战争能够持久之目的。这一战略方针亦须使各级干部完全明了。此电请转发西兵团及东兵团〔8〕各纵及旅级同志为盼。陈毅同志已从渤海回部否，你们何时可到聊城？

毛　泽　东

未敬

根据手稿刊印。

## 注　释

〔1〕西兵团，指华东野战军西线兵团，也称外线兵团，下辖第一、第三、第四、第六、第八、第十纵队和特种兵纵队，并指挥晋冀鲁豫野战军第十一纵队。

〔2〕陈粟，指陈毅、粟裕，当时分别任华东野战军司令员兼政治委员和副司令员。

〔3〕刘邓，指刘伯承、邓小平，当时分别任晋冀鲁豫野战军司令员和政治委员。

〔4〕指粟裕一九四七年八月十八日酉时给中共中央军委和华东局的电报。电报说：依近日情况判断，敌有大部随刘邓南去可能，因此西兵团应位于鲁西南及陇海线上行动，必要时以一部挺进路南，破袭津浦，威胁徐州，才能有效地拖住敌人，并寻机歼灭薄弱之敌。此计划如能有效实施，不仅可拖住一部敌人不能南去，且可迫使鲁中、胶济线之敌抽出一部分敌西来。建议东兵团于迅速完成整补后，第一步以歼灭沂水南北之敌为目标，第二步向临沂、蒙阴地区进击，与西兵团相呼应，腰断山东之敌为南北两段，而后向陇海。西兵团拟在泰西打开局面并与陈唐会合后，即以运河西岸为中心。

〔5〕粟唐，指陈士榘、唐亮，当时分别任华东野战军参谋长和政治部主任。叶陶，指叶飞、陶勇，当时分别任华东野战军第一纵队司令员和第四纵队司令员。

〔6〕哿辰、马申，即二十日辰时和二十一日申时。

〔7〕彭副司令，指彭德怀，当时任中国人民解放军副总司令、西北野战军司令员兼政治委员。

〔8〕东兵团，指华东野战军东线兵团，也称内线兵团，下辖第二、第七、第九纵队和正在组建的第十三纵队。

# 给敌以歼灭与歼灭性打击须同时注重

（一九四七年八月二十八日）

刘邓，陈粟，许谭（饶黎转），陈谢[1]，并告彭习，朱刘（转聂萧），杨罗杨，林罗[2]：

在目前情况下，给敌以歼灭与给敌以歼灭性打击，必须同时注重。给敌以歼灭是说将敌整旅整师干净全部地加以歼灭，不使漏网。执行这一方针，必须集中三倍或四倍于敌之兵力，以一部打敌正面，以另一部包围敌之两翼，而以主力或重要一部迂回敌之后方，即是说四面包围敌军，方能奏效。这是我军的基本方针，这是在敌军分散孤立、敌援兵不能迅速到达之条件下必须实行的正确方针。但在敌军分数路向我前进，每路相距不远，或分数路在我军前进方向施行防堵，每路亦相距不远之条件下，我军应当采取给敌以歼灭性打击的方针。这即是说，不要四面包围，只要两面或三面包围，而以我之全力用于敌之正面及其一翼或两翼，不以全部歼灭敌军为目标，而以歼灭其一部、击溃其另一部为目标。这样做，可以减少我军伤亡，其被歼灭之部分可以补充我军，其被击溃之部分可以使其大量逃散，敌能收容者不过一部分，短期内亦难恢复战斗力。现在顾祝同[3]系统尚有三十二至三十五个战略性野战机动旅，分散使用于胶东、鲁西南、皖西及河南，若我能依情分别采取上述两种方法，在短期内给其十个至十五个机动旅以歼灭及歼灭性打击，则局势可以迅速改变。望斟酌实施之。

军 委

未俭

根据毛泽东手稿刊印。

## 注 释

〔1〕刘邓，指刘伯承、邓小平，当时分别任晋冀鲁豫野战军司令员和政治委员。陈粟，指陈毅、粟裕，当时分别任华东野战军司令员兼政治委员和副司令员。许谭，指许世友、谭震林，当时分别任华东野战军东兵团司令员和政治委员。饶黎，指饶漱石、黎玉，当时分别任华东军区政治委员和副政治委员。陈谢，指陈赓、谢富治，当时分别任晋冀鲁豫野战军陈谢集团前委书记和副书记。

〔2〕彭习，指彭德怀、习仲勋，当时分别任西北野战军司令员兼政治委员和副政治委员。朱刘，指朱德、刘少奇。聂萧，指聂荣臻、萧克，当时分别任晋察冀军区司令员兼政治委员和副司令员。杨罗杨，指杨得志、罗瑞卿、杨成武，当时分别任晋察冀野战军司令员、第一政治委员和第二政治委员。林罗，指林彪、罗荣桓，当时分别任东北民主联军总司令兼政治委员和副政治委员。

〔3〕顾祝同，当时任国民党军陆军总司令部总司令。一九四七年三月初，他在徐州组成陆军总司令部徐州司令部，统一指挥原徐州、郑州两个绥靖公署的部队。

# 陈谢部[1]的作战范围和原则

（一九四七年九月二日）

陈谢韩，并告刘邓，彭[2]：

（一）三十日、三十一日六时、三十一日十二时、一日十时、一日十九时各电均悉。攻占新安、渑池、宜阳、洛宁等地，歼敌四千余，甚慰。

（二）你们作战范围，包括黄河、渭水以南，汉水以北，平汉路以西，西安、汉中线以东广大地区。应使干部熟习这一地区地理、敌情、民情，准备以至少半年时间在这一地区东西南北往来机动，大量歼灭敌人，才能建立根据地。

（三）作战原则：对敌守备薄弱之据点及城市则坚决攻取之，对敌有中等程度的守备而又环境许可之据点及城市则相机攻取之，对敌守备强固之据点及城市则避开之，着重点放在调动敌人打运动战及占领广大乡村，消灭反动武装，发动群众，必须准备经过一个困难时期，逐步建立根据地。

（四）目前停攻横水，以一部监视洛阳之敌，主力西进，相机攻取陕县、灵宝、阌乡[3]、卢氏、洛南、商县、商南七城或七城中之几城，着重扫除七县乡村中之反动武装。你们第二步机动方向是东向平汉路或南向汉水以北，临时酌定。

军　委

二日十二时

根据毛泽东手稿刊印。

## 注　释

〔1〕陈谢部，指晋冀鲁豫野战军陈谢集团，前委书记陈赓、副书记谢富治、常委韩钧。

〔2〕刘邓，指刘伯承、邓小平，当时分别任晋冀鲁豫野战军司令员和政治委员。彭，指彭德怀，当时任中国人民解放军副总司令、西北野战军司令员兼政治委员。

〔3〕阌乡，一九五四年并入河南灵宝县。

# 迅速建立无后方作战的思想

（一九四七年九月三日）

陈粟[1]：

申东[2]电悉，作战方向及征调地方工作人员均很对。但有一点，你们应从根本上改变依靠后方接济的思想。刘邓[3]已实行无后方作战。陈谢[4]亦决心深入敌区，准备与后方隔断。你们的胶东、渤海都成了前线，决不可希望仍有过去一样的接济，对晋冀鲁豫亦不可要求过高过大。从你们自己起到全军一切将士，都应迅速建立无后方作战的思想，人员、粮食、弹药、被服，一切从敌军、敌区取给，准备在连续作战之后缩编部队，准备打得剩下三千人、四千人一个旅，而战斗意志愈打愈强（彭副司令[5]所部就是如此），俘虏兵即俘即补，重炮不要带去，不要怕后方被敌切断，勇敢地向淮河以北、平汉以东进军。你们各纵过去依赖后方补给心理太重，你们自己亦反映了此种心理，望你们迅速转变，适应新形势。军中要禁绝怕牺牲、怕吃苦、要带大部队、要求大休息、每日叫苦连天等等错误思想。中央已同意华东局留在胶东，你们不应坚请他们到渤海。

毛　泽　东

申江

根据手稿刊印。

## 注　释

〔1〕陈粟，指陈毅、粟裕，当时分别任华东野战军司令员兼政治委员和副司令员。

〔2〕申东，即九月一日。

〔3〕刘邓，指刘伯承、邓小平，当时分别任晋冀鲁豫野战军司令员和政治委员。

〔4〕陈谢，指陈赓、谢富治，当时分别任晋冀鲁豫野战军陈谢集团前委书记和副书记。

〔5〕彭副司令，指彭德怀，当时任中国人民解放军副总司令、西北野战军司令员兼政治委员。

# 土地会议[1]应该采取彻底平分土地的方针

（一九四七年九月六日）

中工委：

申微电[2]悉。平分土地，利益极多，办法简单，群众拥护，外界亦很难找出理由反对此种公平办法，中农大多数获得利益，少数分出部分土地，但同时得了其他利益（政治及一般经济利益）可以补偿。因此，土地会议应该采取彻底平分土地的方针，将农村中全部土地、山林、水利，平地以乡为单位，山地以村为单位，除少数重要反动分子本身外，不分男女老少，在数量上（抽多补少）质量上（抽肥补瘦）平均分配。不但土地、山林、水利平均分配，而且要将地主、富农两阶级多余的粮食、耕牛、农具、房屋及其他财富拿出来，适当地分配给农民中缺乏这些东西的人们，地主、富农所得的土地财产不超过也不低于农民所得。大规模的森林及水利工程不能分配者，由政府管理。此外，同意即由土地会议通过土地法大纲，作为向各解放区政府的建议。同时，起草一个党内决议，由中央公布〔3〕。

中　央

鱼酉

根据毛泽东手稿刊印。

## 注　释

〔1〕指中共中央工作委员会一九四七年七月十七日至九月十三日在河北建屏县(一九五八年并入平山县)西柏坡村召开的全国土地会议。会议确定了彻底平分土地的政策,起草并通过《中国土地法大纲》,作出了结合土地改革整顿党的组织的决定。

〔2〕指刘少奇一九四七年九月五日为中共中央工作委员会起草的给中央的电报。电报说,土地会议已进入结束阶段,会议集中讨论了土地政策问题。多数意见赞成彻底平分土地,认为该办法简单,进行迅速,得利者在老区占百分之五十到六十,不动者占百分之二十到三十,仍可团结百分之八十以上的农民,是利多害少。因此,决定普遍实行彻底平分,由土地会议通过一个公开的土地法大纲,各解放区政府提议,同时通过一个党内决议,以总结一年来土改经验,并提出执行政策的方法等。土地法大纲及决议草案待通过整理后,电请中央批准并发出。上述各项,特别关于彻底平分田地原则,是否妥当,望即复示。

〔3〕一九四七年十月十日,中共中央作出《关于公布〈中国土地法大纲〉的决议》。决议说:中国的土地制度极不合理,必须根据农民的要求,消灭封建性及半封建性剥削的土地制度,实行耕者有其田的制度。今年九月,中国共产党召集的全国土地会议,详细地研究了中国土地制度的情况、土地改革的经验,制定了《中国土地法大纲》,作为向各地民主政府、各地农民大会、农民代表会及其委员会的建议。中国共产党中央委员会完全同意这个土地法大纲,并予以公布。希望各地对于这个建议,加以讨论及采纳,并订出适合于当地情况的具体办法,展开及贯彻全国的土地改革运动,完成中国革命的基本任务。

# 在黄河、淮河、运河、平汉之间创造根据地有重大战略意义

（一九四七年九月十一日）

陈粟〔1〕，并告刘邓，饶黎，陈谢〔2〕及彭副司令〔3〕：

（一）陈粟佳辰〔4〕电悉。郓城、沙土集歼灭五十七师全部之大胜利〔5〕，对于整个南线战局之发展有极大意义，特向西兵团〔6〕全军将士致庆贺与慰问之忱。

（二）根据来电我军士气甚旺，决迅速转移攻势，给五军以歼灭性打击等语，果能再歼五军一部或大部，使该军失去战斗力，则鲁西南局势大为开展。俟对五军战斗结束后，你们应迅速全军南下，相机攻占成武、定陶、曹县、单县、民权、虞城诸薄弱点，完成下一次作战的机动态势。然后，集结全军休整十天至十五天，利用敌军重新部署的间隙（判断十一师等部将要调来），将师、纵、军三级缩小为轻便指挥机关，将大量人员补充连队，将各师下面薄弱单位归并调整。只要西兵团有六万至八万精干部队，就是很有力量的野战军。在目前几个月内，你们人员补充主要靠俘虏，应采即俘即补方针，弹药补充主要靠取之于敌。应注意打有准备有把握之仗，同时严整军纪，争取群众，你们就一定能完成在黄河、淮河、运河、平汉之间创造巩固

根据地，协助刘邓、陈谢创造鄂豫皖与鄂豫陕两大根据地，协助饶黎谭〔7〕保卫山东根据地，协助苏中、苏北恢复根据地之伟大任务。你们处在上述四大根据地之中间地带，你们的胜利有重大战略意义。

中　央

真申

根据毛泽东手稿刊印。

## 注　　释

〔1〕陈粟，指陈毅、粟裕，当时分别任华东野战军司令员兼政治委员和副司令员。

〔2〕刘邓，指刘伯承、邓小平，当时分别任晋冀鲁豫野战军司令员和政治委员。饶黎，指饶漱石、黎玉，当时分别任华东军区政治委员和副政治委员。陈谢，指陈赓、谢富治，当时分别任晋冀鲁豫野战军陈谢集团前委书记和副书记。

〔3〕彭副司令，指彭德怀，当时任中国人民解放军副总司令、西北野战军司令员兼政治委员。

〔4〕佳辰，即九日辰时。

〔5〕指沙土集战役。一九四七年九月七日，华东野战军西兵团在山东巨野以西、菏泽以东的沙土集地区，对国民党军整编第五十七师实施南北夹击，经两日激战，全歼该师九千五百余人，俘中将师长段霖茂。

〔6〕西兵团，见本卷第 293 页注〔1〕。

〔7〕饶黎，指饶漱石、黎玉。谭，指谭震林，当时任华东野战军副政治委员兼东兵团政治委员。

# 陈粟[1]部在一两个月内应只打小仗不打大仗

（一九四七年十月三日）

陈粟，并告刘邓[2]：

你们兵力业已展开于广大地区，现应确定一个月至两个月内只打小仗不打大仗。各纵应划定地境，每纵几个县，从事歼灭境内小股敌军、民团、土匪、保甲，建立政权，实行土改。每县拨出一个营的架子（干部）及一个连的兵力，建立各县武装基干。各纵主力则在自己辖境内往来机动作战，包括破击铁路在内。你们五个纵队范围，不但包括陇海以南、运河以西、平汉以东、淮河以北，而且可以一部渡淮南进，直达寿县、合肥、巢县之线以东长江以北地区，与刘邓区域、苏中、苏北完全衔接。如一个月至两个月时间不够，还可酌量延长，使敌主力置于无用之地，疲于奔命，而我则于短期内歼灭了敌之爪牙，建立了我之根据地，为不久将来集中兵力作战打下基础。此种工作看似不甚重要，实则具有伟大战略意义。你们冬衣问题亦须照刘邓办法，令各纵自己分别向商人及有花布民家用借贷方法（将来还钱分文不少）解决。每人制棉衣一件即可过冬，不要盼望后方运送，以致误时。

军　委

三日二十二时

根据毛泽东手稿刊印。

## 注　释

〔1〕陈粟，指陈毅、粟裕，当时分别任华东野战军司令员兼政治委员和副司令员。

〔2〕刘邓，指刘伯承、邓小平，当时分别任晋冀鲁豫野战军司令员和政治委员。

# 给毛岸英[1]的信

（一九四七年十月八日）

岸英：

告诉你，永寿[2]回来了，到了哈尔滨。要进中学学中文，我已同意。这个孩子很久不见，很想看见他。你现在怎么样？工作，还是学习？一个人无论学什么或作什么，只要有热情，有恒心，不要那种无着落的与人民利益不相符合的个人主义的虚荣心，总是会有进步的。你给李讷[3]写信没有？她和我们的距离已很近，时常有信有她画的画寄的，身体好。我和江青都好。我比上次写信时更好些。这里气候已颇凉，要穿棉衣了。再谈。

问你好！

毛　泽　东

一九四七年十月八日

根据人民出版社一九八三年出版的《毛泽东书信选集》刊印。

## 注　　释

〔1〕毛岸英，毛泽东的长子。

〔2〕永寿，即毛岸青，一九二三年生，毛泽东的次子。

〔3〕李讷，一九四〇年生，毛泽东之女。

# 西北战场作战经验[1]

（一九四七年十月十一日）

西北我军在彭副司令[2]指挥之下，包括三个地方旅在内，总共只有十个旅，每旅大者五千余人，小者三千余人，全军共计四万余人。边区人口一百五十万，三分之一左右沦于敌占，一切县城及大部乡村均曾被敌侵占，现仍有十一城在敌手。本年荒旱，近数月粮食极端困难。七个月作战，未补解放区新兵，补的都是俘虏，即俘即补。七个月中没有作过一次超过两星期的正式整训，绝大部分时间都在行军作战中。然而，我军战斗意志极其坚强，士气极其高涨，装备火力大大增强，人员因有俘虏补充，亦比三月开始作战时略有增加。利用边区地方广大，人民拥护，七个月内击破了胡宗南[3]中央系步骑二十四个旅及杂牌十个旅的攻势，被我歼灭及受歼灭性打击者达十一个旅，加上敌人拖疲饿瘦，使我转入了反攻。人民虽受敌人摧残搜刮的灾难，却极大地提高了觉悟。我军虽在数量上少于敌人几倍，但在战斗力上优于敌人，尤其是在精神上压倒敌人，敌人极怕我们，我们不怕敌人。目前我军主力准备再在内线一个短时期，即打到敌后去。估计再有一年左右时间，即可歼灭胡军大部，并夺取西北许多地方。这一经验，望各首长转知所属，加以研究。对于若干干部似乎认为一定要有定期大休整，要有两三千人一个团的充实的大部队，要有大批民伕、大车随军使用，要有充分的后方粮弹供给，才能打大胜仗，稍有疲劳减员即叫苦连天的思想，转变为一切取给于敌，不靠后方接济，大大减少民伕、大车，节省粮弹，提倡不怕伤亡，连续战斗，善于利用两个战役或战斗之间的空隙进行短时休整（七天、十天或半月），善于捕捉战机，经常保持旺盛士气，多打胜仗，每战确保胜利，一切从打胜仗中解决问题的思想。这后一种思想，必须在各军巩固地建立起来，特别是关内各军必须如此。即使有后方接济，亦决不可存依赖之心，必须将重点放在依靠前线，依靠野战军从前线自己解决问题。不但西北有此经验，各区自己亦必有这种经验，务望总结起来，加深部队教训，争取大反攻胜利。

根据毛泽东手稿刊印。

## 注释

〔1〕这是毛泽东为中共中央军委起草的给各战略区首长的电报的一部分。

〔2〕彭副司令，指彭德怀，当时任中国人民解放军副总司令、西北野战军司令员兼政治委员。

〔3〕胡宗南，当时任国民党军西安绥靖公署主任。

# 组织野战机动兵团及分散作战的部署

（一九四七年十月二十日）

陈、粟〔1〕：

铣辰〔2〕电悉。迭获胜利，甚慰。

（一）鉴于叶陶〔3〕两纵及王秉璋〔4〕纵减员较大，该三纵休整时间可以延长一至两星期。

（二）你们全军除休整者外，酉戌〔5〕两月均依现态势分散作战及工作。亥月〔6〕初起，集中六个至九个旅，组成一个头等野战机动兵团，打中等规模之仗，其余仍分散作战及工作。明年一月以后，看形势再组成一个至二个各包含四个至六个旅的二等三等野战机动兵团，其余仍分散作战及工作。直至民团、保甲、土匪及小股敌军大体已经歼灭，群众分粮、分财、分田任务大体已经完成，人民武装已经发展，方可将全部二十个正规旅转为野战军，但仍须分属两三个野战兵团，最大之野战兵团在至少半年内不要超过九个旅。因为敌已被迫分散，今后还将更分散，集中太大兵力，吓跑敌人，打不到运动战，但若集中不大不小之兵力，则不但可以大量歼灭守备薄弱及中等守备之敌，而且可以调动敌人打运动战。望本以上意图部署兵力及工作。

毛　泽　东

二十日十二时

根据手稿刊印。

## 注　　释

〔1〕陈、粟，指陈毅、粟裕，当时分别任华东野战军司令员兼政治委员和副司令员。

〔2〕铣辰，即十六日辰时。

〔3〕叶陶，指叶飞、陶勇，当时分别任华东野战军第一纵队司令员和第四纵队司令员。

〔4〕王秉璋，一九一四年生，河南安阳人。当时任晋冀鲁豫野战军第十一纵队司令员，该纵队归华东野战军指挥。

〔5〕酉戌，即十月、十一月。

〔6〕亥月，即十二月。

# 对待自由资产阶级须防止过左倾向[1]

（一九四七年十月二十六日）

## 一

我们在政治上要孤立自由资产阶级（特别是其中的右翼）和在经济上保护他们，二者似乎矛盾，其实并不矛盾。在蒋介石打倒以后，因为自由资产阶级特别是其右翼的政治倾向是反对我们的，所以我们必须在政治上打击他们，使他们从群众中孤立起来，即是使群众从自由资产阶级的影响下解放出来。但这并不是把他们当作地主阶级和大资产阶级一样立即打倒他们，那时，还将有他们的代表参加政府，以便使群众从经验中认识他们特别是其右翼的反动性，而一步一步地抛弃他们。在经济上，则将在长时间内容许他们存在，并使他们的经济在政府法令许可下有一个一定程度的发展，以利经济之恢复与发展。对于在平分土地后生长出来的新富农也是如此。在这个问题上的过左性急，是错误的。

根据毛泽东手稿刊印。

## 二

周副主席：

指示电很好，很有必要。惟须增加一条，作为第五条，将对自由资产阶级的政策问题完全弄清楚，预防过左倾向发生，这一倾向，在历史上是发生过的。

此电当作普遍指示，发往各地。投降主义不要分对敌对阶级，这是一个问题。临时迂回可能，亦须指出〔2〕。

毛　泽　东

十月二十六日

根据手稿刊印。

## 注　　释

〔1〕一九四七年人民解放战争进入战略进攻以后，当时任国民党政府全国经济委员会委员的刘航琛提出了一个组织和平统一大同盟的方案。为了揭露这一方案是美蒋缓兵之计的阴谋，同时纠正党内部分同志认为可以利用它促蒋下台的错误认识，周恩来为中共中央起草了《关于反对刘航琛一类反动计划的指示》。本篇一是毛泽东在修改这个中央指示稿时加写的第五条。本篇二是毛泽东审改中央指示稿后写给周恩来的信。该指示于一九四七年十月二十七日下发。

〔2〕毛泽东在修改中央指示稿第三条时，对必须揭露各种伪装的反蒋分子企图混入反蒋阵线，迷惑人民，继续维护国民党反动统治的阴谋问题加写了一段话："但如果我们事先的揭露工作做得不够，南方及各大城市人民群众的多数竟被刘航琛一类计划所迷惑时，我们为争取群众起见，亦可能采取某种临时迂回方法，达到觉醒群众将革命战争进行到底之目的。"

# 民盟的教训[1]

（一九四七年十一月三日）

民盟方面，现在应该得到教训，任何对美国侵略者及蒋介石统治集团（或其中的某些派别）的幻想，都是无益于自己与人民的，应当清除这种幻想，而坚决地站到真正的人民民主革命方面来，中间的道路是没有的。如果民盟能够这样做，则民盟之被蒋介石宣布为非法并不能损害民盟，却反而给了民盟以走向较之过去更为光明的道路的可能性。

根据毛泽东手稿刊印。

## 注　释

〔1〕一九四七年十月二十七日，国民党政府宣布中国民主同盟为“非法团体”。十一月六日，民盟总部被迫发表解散公告。十一月七日，《人民日报》发表了新华社时事评论《蒋介石解散民盟》。文章说，这一事件，使人民更加确切地认识民主同盟在若干历史关节中，实行了与中共在部分民主纲领上的政治合作，从而推进了中国民主事业，乃是民盟的光荣。在民盟中，既有许多坚决反对蒋介石独裁和美帝国主义侵略的民主战士，并有一些人例如闻一多、李公朴、杜斌丞等，为此献出了他们的生命；也有许多虽然一面反对或不满蒋介石独裁，但在另一方面却不但过去而且现在仍然对蒋介石，特别是对美帝国主义抱有某种幻想的人物。而中国民主运动的基本特点，乃是武装的革命人民反对武装的反革命集团。蒋介石解散

民盟和大施迫害民主分子的恐怖行动，只能教育人民，要有自由、真正的和平，就必须坚决用武力来打倒蒋介石，拥护人民解放军的武装革命斗争，而决不能依靠任何和平的合法的改良的方法。本篇是毛泽东在修改这篇文章时加写的一段话。一九四八年一月，沈钧儒、章伯钧等在香港召开民盟一届三中全会，决定重建领导机构，恢复活动。全会指出，过去我们以和平合法的方式去争取民主，已经失败，今后应积极支持以人民武装去反抗反人民的武装，与中国共产党密切合作，同时联合其他民主党派，彻底推翻国民党反动集团的统治和驱逐美帝国主义出中国。决不对反动集团存有丝毫幻想，在人民与反人民、民主与反民主的问题上绝不能有中立的态度，中间路线是行不通的。

# 我们完全有把握彻底打倒蒋介石反动集团[1]

（一九四七年十一月六日）

中国人民现在正在进行伟大的革命战争，其目的是打倒美国帝国主义及其走狗蒋介石在中国的统治。这个战争业已取得伟大的胜利，必将继续胜利，直到打倒一切敌人，建立一个崭新的中国。当此庆祝十月革命三十年的日子，中国人民应当相信，我们苦难的日子是完全能够度过的，什么困难也能克服，获有美国帝国主义援助的蒋介石反动集团，我们完全有把握将其彻底打倒。我们不孤立，全世界一切反帝国主义的国家与人民都是我们的朋友。但是我们强调自力更生，我们能够依靠我们自己组成的力量打倒我们的敌人。中国民族是一个能战斗的民族，俄罗斯人在十月革命以来所创造的战胜帝国主义与国内反动派的伟绩，中国人亦能创造出来。今后数年的时间必能证明这一点。

“星星之火，可以燎原”，现在已是燎原的时候了。

根据毛泽东手稿刊印。

## 注　释

〔**1**〕这是毛泽东在修改新华社社论稿《星星之火，可以燎原》时加写的一段话。这篇社论发表在一九四七年十一月九日《人民日报》。

# 晋察冀野战军
# 准备配合东北作战

（一九四七年十一月十七日）

杨罗杨耿[1]，并中工委，军区[2]，告林彪[3]及东北局：

十五日二十二时电悉。

（一）同意移至晋县休整三个礼拜，然后配合东北作战。

（二）东北本月下旬开始新战役，若你们能于下月中旬开始新战役，则可起有力配合作用。

（三）你们应准备于结冰期间四个月内（十二月至三月）进行几个战役，争取切断平津、平保及可能时平张等铁路，夺取铁路及其附近可能夺取之城市、据点，歼灭在这些铁路、城市、据点及其附近之可能歼灭的敌人，准备和东北我军直接配合作战。这一计划应包括每一战役后必须休整的时间及必须补充的人力、物力在内。

（四）休整时政治上着重土地教育，军事上着重攻坚教育。

（五）迭获胜利后，干部骄傲轻敌之心理必然会发生，你们应严格防止之，首先是领导者自己应防止此种心理之发生。

（六）彭聂萧黄[4]着重注意以生产及缴获之炮弹、炸药的一部分供给西北彭张[5]野战军，并以一部分新兵补充彭张，将此作为自己的任务，放在自己经常的供应计划内（徐滕薄[6]已实行此项计划，你们尚未实行）。

军　委

戌篠

根据毛泽东手稿刊印。

## 注　释

〔1〕杨罗杨耿，指杨得志、罗瑞卿、杨成武、耿飚，当时分别任晋察冀野战军司令员、第一政治委员、第二政治委员和参谋长。

〔2〕指晋察冀军区。

〔3〕林彪，当时任东北民主联军总司令兼政治委员。

〔4〕彭，指彭真，当时任中共中央工作委员会常委。聂萧，指聂荣臻、萧克，当时分别任晋察冀军区司令员兼政治委员、副司令员。黄，指黄敬（一九一二——一九五八），浙江绍兴人，当时任晋察冀军区副政治委员。

〔5〕彭张，指彭德怀、张宗逊，当时分别任西北野战军司令员兼政治委员和副司令员。

〔6〕徐滕薄，指徐向前、滕代远、薄一波，当时分别任晋冀鲁豫军区第一副司令员、第二副司令员和第一副政治委员。

# 给陈瑾昆[1]的信

（一九四七年十一月十八日）

瑾昆同志：

十月八日来示敬悉。国内外大势观察正确，不会有第二个方向，进度亦快，不会稽延不决，诚如尊论。惟我们宁可作从长打算，估计到一切可能的困难，以自力更生精神，准备付以较长时间，似属有益。兄及诸同志对于宪草惨淡经营，不胜佩慰。惟发表时机尚未成熟，内容亦宜从长斟酌，以工农民主专政为基本原则（即拙著《新民主主义论》及《论联合政府》中所指之基本原则），详由王谢[2]二同志面达。弟身体有时略有毛病，大体尚好，勿以为念。天寒尚祈珍摄。敬祝

安好！并问陈夫人及诸小弟妹好！

毛　泽　东

一九四七年十一月十八日

江青附笔祝全家安好！

根据人民出版社一九八三年出版的《毛泽东书信选集》刊印。

## 注　　释

〔1〕陈瑾昆，当时任中共中央法律委员会委员。

〔2〕王，指王明，即陈绍禹（一九〇四——一九七四），安徽金寨人，当时任中共中央法律委员会主任。谢，指谢觉哉（一八八四——一九七一），湖南宁乡人，当时是中共中央法律委员会负责人之一。

# 在土地改革中注意纠正“左”倾错误[1]

（一九四七年十一月二十九日）

那时，凡在土地斗争尚未深入的地方，发生右倾观点，不敢放手发动群众深入土地斗争；凡在土地斗争已经深入的地方，则发生“左”倾观点，给许多中农甚至贫农胡乱带上地主、富农等项帽子，损害群众利益。以上两类错误均须纠正，而这两个文件则主要是为纠正“左”倾错误而发。目前正当各解放区开展与深入土地斗争之时，土地会议之召集，土地法大纲之颁布，给了右倾观点以严重打击，这是完全必须的。但随着斗争之深入，“左”倾现象势将发生。此项文件发至各地，决不应成为妨碍群众斗争的借口，而应在放手发动农民群众彻底平分土地的坚决斗争中，适当地纠正业已发生与业已妨碍群众利益的过左行动，以利团结雇农贫农，坚决保护中农（这是确定不移的政策），正确地执行土地法大纲，消灭封建半封建制度。

根据毛泽东手稿刊印。

## 注 释

〔1〕一九四七年十一月二十九日，中共中央向各中央局、分局等发出指示说：“一九三三年苏维埃中央政府颁发之《怎样分析阶级》及《关于土地斗争中一些问题的决定》两个文件，其中地主不分田、富农分坏田等项政策是过左的错误政策，但关于阶级成分的规定（即两项文件的主要部分）则是基本上正确的。现将该两文件之错误部分及与阶级分析无关部分删去，经新华总社电告，当作你们的参考文件。望你们根据各地具体情况，参考此项文件，提出关于阶级成分分析的明确意见电告，然后由中央制定统一的正式文件，公开发表。”本篇是毛泽东修改这个中央指示稿时，在第四条“此两项文件原是一九三三年为纠正在阶级分析问题上的过左观点而制定者”一句后面加写的一段话。以后，中共中央对这两个文件再次修订、加注，于一九四八年五月二十五日作为正式文件下发，供各级党委在土地改革中应用。

# 改造旧艺术　创造新艺术[1]

（一九四七年十二月二十一日）

关于戏，我是个外行，只会看。这里在座的有从西安、北平等地来的，也有从张家口来的，就从张家口说起吧。张家口失守时大家也许很不高兴，但我们的战术就是这样，“你来我就走”。当然用很多的兵力也不是不可以坚守，不过那样不合算。我们打仗是用大的兵力吃敌人小的兵力。一年多的自卫战争，我们已消灭敌人一百六十多万，其中俘敌一百零几万。我们打仗，部队主要是靠俘虏来的蒋军士兵补充，枪炮子弹也主要靠国民党运送，我们没有大的兵工厂。过去吃穿供给是靠解放区内部解决，现在还要靠国民党区来解决，如刘邓[2]大军在大别山地区、陈谢[3]大军在伏牛山地区打仗，人员、枪炮、子弹都是从敌人那里来的。这是我们解放军扩大队伍的一个特点。这是世界上任何军队所少有的，而我们一贯就是用这个老法子。八路军的干部大多是从南方来的，不久仍要打到南方去，现在住在北方，这叫做南方的骨头长了点北方的肉。胡宗南[4]占领了我们的延安，还要把我们赶出陕北，但我们却至今仍在这里。从延安撤出时，很多人怀疑我们能不能消灭胡宗南，当时边币[5]也跌价。然而现在却改变看法了，他们相信我们能消灭胡宗南。我们现在有个口号是：“打到南京去，活捉蒋介石。"至于最后胜利需要几年，那要看我们的努力如何再来决定。现在美国人在开会，还要援助蒋介石，我们不怕，最多也就是像去年那样援助多少亿美金，还不是很快就花完了。我们还准备着美国出兵援助呢。国民党在去年七月发动全面内战时，由于还有尚未遣返的日军一百万以及遗留下来的物资，再加上美国的援助，因此它可以疯狂地进攻一下。各国的情形都是如此，统治者的力量由大而小，解放者的力量由小而大。俄国的沙皇曾经多么威风，后来还不是倒了。苏联的共产党开始时人枪也很少，我们的解放军开始时人数也很少，但现在已经发展至两百万。国民党军队现在的人数比我们的多，但最后的胜利是我们的。据说苏联有一个工人，人家五年才能做完的事情他一年就可以做完，这里有一个道理，就是解放了的人民为自己而工作，所以具有无限的积极性和创造性。我们打蒋介石、胡宗南并没有任何外国的援助，但是我们可以打垮他们，就是这个道理。不久，张家口以及其他许多地方我们都可以夺回来。

艺术团体也是如此。你们平剧院接受旧的艺术，还要创造新的艺术。旧的艺术是有缺点的，尤其是它的内容，我看是颠倒是非、混淆黑白。历史本来不是帝王将相创造的，而是劳动人民创造的，可是在旧戏中，比如孔明〔6〕一出场就神气十足压倒一切，似乎世界就是他们的，劳动人民不过是跑龙套的。世界上本来百分之九十的人是工人、农民，我们住的房子，都是他们双手盖起来的，土豪劣绅连个柱子都搬不动，可是许多的旧戏却把劳动人民表现成小丑。当然，旧戏中也有些剧本是好的，如《打渔杀家》〔7〕之类。有些旧戏你们可以改造它，用自己的创造力掌握了这门艺术，并且从政治上来个进步，你们就可能写些新的东西。打仗也是个创造，但这是死了好多人才换来的。一九二七年我在武汉时还是个白面书生，但是在以后二十年的战争中创造了打仗的新的方法。同样，我们党的每一个工作人员和干部，在各种工作中都有可能发挥自己的创造力。前途是我们的。打败仗我们不怕，不打败仗我们就不知道仗应该是如何打法。平剧这个剧种在延安曾有过很多的争论。平剧把老爷、太太、少爷、小姐写成一个世界，穷人就不算数。平剧的形式目前我们不忙改，只挑出若干需要修改的戏，首先从内容着手改造。过去在延安改造了两个戏，一个是《逼上梁山》〔8〕，一个是《三打祝家庄》〔9〕，缺点就是太长了。有些旧戏我看写的还很精练。希望你们大胆地进行艺术创造，将来夺取大城市后还要改造更多的旧戏。《恶虎村》这出戏应该把黄天霸改写成特务〔10〕。按照马列主义的观点，国家组织第一是军队，没有军队就没有力量，第二是政府。蒋介石的政府是压迫人民的，我们的政府是压制恶霸、土豪劣绅的。至于我们有个别干部欺压老百姓，也要根据老百姓的意见对他进行制裁，因为他是人民的罪人。

平剧在中国有很多人搞，国民党统治区那里有一摊子。我们这些同志在政治上提高了，将来到了大城市，要把那些旧的戏剧团体接收过来，去领导他们。如果单靠演旧戏，我们自然演不过他们。如果在政治上不提高，那我们就领导不了他们。

根据中央档案馆保存的
讲话记录稿刊印。

## 注　　释

〔1〕这是毛泽东在陕北米脂县杨家沟对晋绥平剧院演出队的讲话。

〔2〕刘邓，指刘伯承、邓小平，当时分别任晋冀鲁豫野战军司令员和政治委员。

〔3〕陈谢，指陈赓、谢富治，当时分别任晋冀鲁豫野战军陈谢集团前委书记和副书记。

〔4〕胡宗南，当时任国民党军西安绥靖公署主任。

〔5〕边币，指一九四一年陕甘宁边区银行发行的纸币。

〔6〕孔明，即诸葛亮（一八一——二三四），琅邪阳都（今山东沂南）人。三国时的政治家、军事家，刘备的主要谋士，刘备称帝后任蜀国丞相。

〔7〕《打渔杀家》，又名《庆顶珠》、《讨鱼税》，戏曲传统剧目。主要内容是，萧恩与女儿桂英打鱼为生，当地恶霸丁自燮勾结官府，勒索鱼税，滥施刑杖，父女被迫起而反抗，杀死恶霸全家，远走他乡。

〔8〕《逼上梁山》，新编历史剧，中共中央党校大众艺术研究社于一九四三年集体创作，杨绍萱、齐燕铭等执笔，取材于小说《水浒传》。主要内容是，北宋末年，高俅专权，内忧外患交织，饥民惨遭杀害，同情饥民的禁军教头林冲因遭高俅父子陷害，被迫投奔梁山义军。

〔9〕《三打祝家庄》，新编历史剧，延安平剧院一九四四年集体创作，李纶、魏晨旭、任桂林执笔，取材于小说《水浒传》。主要内容是，梁山宋江率军两次攻打祝家庄，因情况不明而失利，第三次攻打，改变了策略，派人打进庄去作内应，弄清了情况，联合庄内贫苦农户，里应外合，取得成功。

〔10〕《恶虎村》，又名《江都县》、《三义绝交》，戏曲传统剧目。清代杨振纲根据小说《施公案》改编。主要内容是，清代江都县令施世纶升迁，路经恶虎村时，被庄主濮天雕、武天虬劫去。施世纶的护卫黄天霸与濮天雕、武天虬是盟兄弟，他借祝寿为名，入庄探明情况，当夜聚集同伙，杀死武天虬夫妇和濮天雕妻，逼死濮天雕，救出施世纶，并火烧了庄院。毛泽东看了晋绥平剧院演出团演出的《恶虎村》并提出修改意见后，晋绥平剧院曾对该剧作了改编的尝试。

# 在杨家沟中共中央扩大会议上的讲话[1]

（一九四七年十二月二十五日、二十八日）

## 一

今天讲一讲敌我形势、统一战线、英美苏关系三个问题。

第一个问题，敌我形势。关于国际形势，苏联的日丹诺夫、莫洛托夫[2]等已经说过了，比我们说得更全面。我现在着重讲一下国内形势。国内形势现在已经发生了根本性的变化。在政治方面，国民党区域人心动向变了，蒋介石被孤立起来，广大人民群众站到了我们方面。孤立蒋介石的问题，过去在长时期内没有得到解决。土地革命战争时期，我们比较孤立。进入抗战时期，蒋介石逐渐失掉人心，我们逐渐得到人心，但问题仍没有根本解决。直到抗战胜利以后这一两年来，才解决了这个问题。在军事方面，蒋介石已经转入防御，我们转入进攻。以前，我们把转到外线作战称为反攻，不完全妥当，以后都要叫进攻[3]。在经济方面，蒋介石的情况到今年已经很严重了。我们现在也困难，特别是山东、陕北两处，但我们的困难可以解决。从根本上说，是因为我们搞了土地改革，而蒋介石没有搞；

另外我们的主力打出去以后，又减轻了解放区的负担。解放区的土地改革与整党已经走上了轨道。土地法大纲〔4〕的公布是一件大事。以前中间派曾劝我们发公债购买地主的土地，现在我们搞平分土地，他们也赞成了。土地会议〔5〕以前特别是以后，各解放区的土改和整党都普遍动起来了。晋冀鲁豫和东北在这方面工作做得最好，东北在短期内建立了很大的军队，主要是得力于土地改革。山东和西北的土地问题最严重。晋绥地区工作的方向是正确的，虽然可能有一些缺点和错误。贺龙、习仲勋〔6〕主持的这次会议开得很好，很有必要。近来《晋绥日报》、《战斗报》和《边区群众报》〔7〕都办得很吸引人看了，这就是工作方向正确的一个表现。

从现在起到明年一年内，国内形势还会有很大的变化，有利于我们的变化。中国革命已经进入高潮，将来还会更加高涨。以前我们曾希望在革命高潮中有城市暴动来配合，现在看来这是很难了，只能有像巴黎解放和北伐军占领上海〔8〕那样的里应外合。城市群众运动在蒋介石发布“总动员令”〔9〕后并没有低落，学生中的地主、富农子弟在土地改革以后并不是造我们的反，而是造蒋介石的反，现在三青团〔10〕完全灰溜溜了。在战争期间，革命高潮主要表现为军事的胜利，这不但中国如此，外国也是如此。战争仍是长期的，蒋介石和美国帝国主义这样强大的敌人是不会甘心失败的。美国直接出兵帮蒋介石打内战的可能性很小，但也不能说完全没有，美国人只是怕苏联也出兵，否则对我们来个不宣而战他们是不在乎的。战争的时间还要准备四五年，也可能还要长一些。战争需要不断地进行，不让蒋介石得到休息、整训和补充的时间，但这一点不能说死，也可能有一年半年的间断，例如蒋介石下台，推出别人出面讲和，那时的和战问题就要根据大城市和南方的群众觉悟程度来决定。所以我们要争取战争不间断地进行下去，现在就要着手做揭露国民党假和谈的工作。不靠外援（不是不要外援），这是我们历来的方针，是完全可以办到的。我们要依靠自己的努力和正确的政策，依靠群众，来争取战争的胜利。

第二个问题，统一战线。我们的原则是孤立敌人而不是孤立自己。北伐战争时期，我们党本来是不孤立的，后来因陈独秀〔11〕右倾而孤立了，脱离了群众，脱离了农民，脱离了军队。土地革命战争时期，党内机会主义的主要特点是"左"，先是表现在城市工作方面，不但把自己孤立了，而且到后来在城市简直立也立不住了，只好退到农村。到了农村，他们又有军事斗争方面的"左"和土地政策、工商业政策方面的"左"。他们把赤白对立绝对化；对中小资产阶级实行过左政策，片面强调工人利益而把工商业很快搞垮了；主张地主不分田、富农分坏田，并损伤了一部分中农的利益。当然，我们党在农村中还是有群众的，不能说是在农民中完全孤立。总之，土地革命战争时期实行"左"的政策的结果，我们没能孤立蒋介石，而是孤立了自己。抗战时期我们孤立了蒋介石（如果在抗战胜利以后再孤立他就来不及了），我们对他采取的是又团结又斗争的策略。坚决同蒋介石的反人民政策作斗争，这是反右，但如果只斗争而不同他合作，不停止没收地主的土地而改为减租减息，不实行"三三制"〔12〕等政策，群众就不能理解我们。党在抗战时期实行这些政策是完全正确的。过去我们吸收一些开明绅士参加政府工作是完全必要的，将来占领西安、太原、上海等地以后也还是需要的。《中国人民解放军宣言》中所规定的对蒋方人员的不同政策〔13〕也是完全必要的。我们既要反右，又要反“左”，以便划清界限，避免造成自己的孤立和失败。现在反右，第一是反对对敌人估计过高，不敢到国民党区域去作战，害怕美国。美国在中国搞得这样久，现在可以摸清楚它了，其实它并不可怕。刘邓等三路大军出兵国民党区域〔14〕，一个月就解决了棉衣问题，这证明到国民党区域去作战也不可怕。第二是反对对中间派的认识模糊不清，对他们的动摇性估计不足。对上层小资产阶级和中等资产阶级的右翼分子，在政治上的打击同经济上的消灭是两件事，不能混淆，土地革命战争时期党内“左”倾机会主义者曾混淆了这两点。现在，我们在对待中间派的问题上是既须反右又须反“左”。第三，在土改、整党工作中反对右的倾向，是反对一些干部对消灭封建阶级、驱除党内坏分子的斗争立场动摇，软弱无力。当然也要反对“左”的倾向，内战时期更容易犯“左”的错误。消灭封建阶级的斗争，同对美蒋的斗争一样，要求我们在全局问题上要大胆，在具体斗争上要谨慎。然而我们有些同志却相反，重视抽象之敌，小视具体之敌。在土地问题上反“左”主要是反对对中农的冒险政策，哪怕只发生一户中农被错当作地主来整，我们也必须十分注意纠正。在农村中按户数计算，地主、富农只占百分之八左右，中农、贫农、雇农合占百分之九十，这个阵线不能混乱，许多同志对此没有确定的观念。对地主、富农也要有些区别，《土地法大纲》已有规定，农民也会加以区别。对他们，在消灭封建剥削和平分土地问题上是没有区别的，但在处置财产问题上有区别(个别恶霸除外)。土地分配不能搞绝对平均。由于当地地主、富农太少就要同中农扯平，这也是不对的。对同中农有关系的事一定要征求中农的同意。在土地问题上一定要把中农问题处理好，在城市问题上一定要把中小资产阶级问题处理好。一定不要重犯土地革命战争时期的错误，片面强调工人利益是错误的。在工厂劳资双方可以共同订生产计划，在商店可以共同订营业计划。劳资两利，公私两利，这就不“左”不右。对学生和知识分子，在政策上也不要犯“左”的错误，延安审干就是一个严重的教训。在国民党区域，民主同盟等团体的反蒋斗争，对我们是有很大作用的，冯玉祥在美国反蒋〔15〕，对我们也是有利的。“其他爱国分子”，是指开明绅士，例如地主阶级中的李鼎铭、刘少白〔16〕等人，他们同我们共过患难，在丝毫不妨碍土地改革的条件下，对这些人分别情形加以照顾是必要的，个别人物还可以留在我们高级政府内。现在，建立联合政府的口号还是要提，但“三三制”就不必提了。关于杀不杀反动分子的问题，不可不杀，不可多杀，在这个问题上也是反“左”反右。一个不杀，群众不赞成；不可多杀，也是从群众着想，不是从少数人着想。只要是不积极破坏革命战争和土地改革的人都可以不杀，把他们当作劳动力保留下来。对于外国人，像华莱士〔17〕之类的，我们还是需要的，中央十月二十七日的指示在这一点上要作修改〔18〕。华莱士主张反对战争、联合苏联，同美国大资产阶级的联系很少，主要代表中小资产阶级，而且依靠工人。关于革命统一战线中领导者同被领导者的关系问题，共产党要实现领导需要两个条件：第一要率领被领导者坚决同敌人作斗争，第二要给被领导者以物质福利和政治教育。共产党的领导权问题现在要公开讲，不公开讲容易模糊党员干部和群众的思想，坏处多于好处。

第三个问题，英、美同苏联的关系[19]。有两种提法，一种是他们之间或者妥协或者破裂，一种是在若干问题(包括某些重大问题)上早一点妥协或者迟一点妥协。我看正确的应该是第二种提法，而不是第一种提法。世界上的反动派是要搞第三次世界大战的，战争的危险是充分存在着，但战争是完全可以避免的。所谓妥协当然不是在一切问题上的妥协，这是不可能的。美、苏迟早要妥协。将来，美国还要和苏联大做生意，这就需要进行妥协。这种妥协是民主的妥协，而不是机会主义的妥协。苏联是个大国，它的妥协可能会对中国、法国、意大利等国人民的斗争产生一定的影响，但绝不是大国之间妥协了，其他各国人民也都要随之实行国内的妥协。各国人民的方针应当是按照不同的情况进行不同的斗争。

## 二

这是一次很令人高兴的会议，和洛川会议[20]相似，都是在时局开展中召开的。日本投降对于我们是个喜事，同时又有了新的担心。因为日本人走了，又来了一个美国支持蒋介石打内战。我们同蒋介石的力量对比问题直到今年中央发出“二一”指示[21]时还没有解决，还准备退出延安，并且后来确实退出了，直到现在这个问题才解决了。二十年来没有解决的力量对比的优势问题，今天解决了。这不但领导者看得出，而且人民群众都能看出来。在北伐时期，革命斗争曾有短期开展的局面，随后国民党的压迫就来了。整个土地革命战争时期我们都是受压迫的，生存的地方很小，党内纠纷很多。长征以后情况更困难。我在日本投降以后一段时间内没有写过文章，是因为兢兢业业，对形势只能作估计而不能作结论。现在国际国内形势都很明朗了，人民解放战争正在不断取得胜利，蒋介石被孤立了，土改、整党等工作都走上了轨道。在这次会议上，陕甘宁和晋绥两个区域的负责同志讲话讲得很好，很令人满意，说明他们政治上已经成熟了。晋西北的路线，贺龙同志、李井泉〔22〕同志、习仲勋同志是正确的，晋绥告农民书〔23〕总的是正确的。西北野战军在彭德怀同志的领导下作了很大的努力，由防御转入进攻，完成了重大的任务，因此我们这次开会比今年七月在小河开会时就有了很大的不同。这次会议通过了一篇文章〔24〕，这篇文章在今后打倒蒋介石时期是起纲领作用的。反对美帝国主义，打倒官僚资本主义，打倒封建主义，这三个目标是立得正确的；团结中农，团结中小资产阶级，以共同反对这三大敌人，这个方针也是正确的。这篇文章看起来似乎没讲什么新的问题，其中所说革命战争的转折点，已经成为历史的事实；追述同蒋介石斗争的历史，这更不是新的；十大军事原则，也不是新的，仅仅把它概括出来是新的；土地问题，在土地会议上已经解决了，其中中农问题也是早已解决了的，这次只是特别强调一下；中小资产阶级问题，也是早已解决了的，但在今天有特别意义。因为反对右的偏向问题在土地会议、晋西北会议、义合镇会议〔25〕上已经解决了，我们这次会议要解决的新的问题，是在中农、中小资产阶级和党外人士问题上新出现的“左”的偏向。中农问题之所以再提出来，是因为晋西北在划分成分时发生了严重的问题，出现了强调不团结中农的偏向。中小资产阶级问题，也是出现了偏向：我们有些同志在经济工作中对团结中小资产阶级的政策发生了怀疑、动摇。义合镇会议好比一河水，这河水十个浪头有八个是好的，但是没有解决好中农和中小资产阶级问题，发生了偏向，那末这两个浪头就是不好的。当“左”倾成为一种潮流的时候，共产党员要反对这个潮流，如同在抗日时期反对投降倾向的潮流一样。关于党外人士问题，过去中央没有解决，今天解决了。地主作为整个阶级来说是要消灭的，但作为个人还要分别情况不同对待。在土改中，对地主阶级中赞成土地法的，或过去和我们合作过的上层人士，可以采取或分而不斗的办法，除个别人物犯了死罪的要出布告枪毙外，对一般的人采取上述办法比较恰当。

关于打人问题，共产党在原则上主张废止肉刑，这个原则曾经是资产阶级民主主义者反封建的口号，无产阶级应该接受这份遗产。一九二九年，我在为红四军党的第九次代表大会写的决议中，就已提出废止肉刑〔26〕，但以后还发生过使用肉刑的现象。到了延安，还是没有完全废止肉刑，这表示共产党没有本领，只能依靠封建的办法。现在必须重申，共产党绝不要提倡打人，绝不要组织打人，这是一条原则。

今年晋绥地区财政困难，陕甘宁边区出现灾荒，都是严重的问题，必须用大力解决，我相信这两个区域的同志是可以解决的。

关于宪法，近期内不会颁布，过早颁布也是不利的，但目前应该着手研究。关于组织革命的中央政府，现在暂不考虑，要等到蒋介石更困难，我们取得更大的胜利的时候，至少在平绥路打通以后再考虑这个问题。

根据中央档案馆保存的讲话记录稿刊印。

## 注　　释

〔1〕这是毛泽东在陕北米脂县杨家沟召开的中共中央扩大会议上的讲话(本篇一)和结论(本篇二)。

〔2〕日丹诺夫(一八九六——一九四八),当时任苏联共产党中央政治局委员、苏联最高苏维埃副主席。莫洛托夫,当时任苏联共产党中央政治局委员、苏联部长会议副主席。

〔3〕一九四八年二月二十一日,陈毅传达毛泽东在一九四七年十二月中共中央扩大会议上的讲话,其中有这样一段话:"军事上,今年(一九四七年)七月我们转入进攻以来,蒋介石转入防御地位,于是军事上完全改观。十年二十年来我们长期处于防御、被'围剿'地位,没有进剿敌人,进攻敌人。抗战时期,我们也还是处于分散防御地位。一九四七年七月,我们历史上第一次转入进攻。这是革命的进攻,不要说'反攻',反攻带着防御意味,不能完全概括这一形势的内容。战争在初期是自卫性质,我们那时的方针是迟滞内战。现在要消灭蒋介石,已不是自卫性质。"

〔4〕即《中国土地法大纲》,一九四七年九月十三日在中国共产党全国土地会议上通过,同年十月十日由中共中央公布。土地法大纲规定:"废除封建性及半封建性剥削的土地制度,实行耕者有其田的土地制度";"乡村中一切地主的土地及公地,由乡村农会接收,连同乡村中其他一切土地,按乡村全部人口,不分男女老幼,统一平均分配";"乡村农会接收地主的牲畜、农具、房屋、粮食及其他财产,并征收富农的上述财产的多余部分,分给缺乏这些财产的农民及其他贫民,并分给地主同样的一份。"

〔5〕指一九四七年七月十七日至九月十三日中共中央工作委员会在河北省建屏县(一九五八年并入平山县)西柏坡村召开的党的全国土地会议。会议总结了一九四六年"五四指示"下达以后土地改革的经验,纠正了土地改革中右的倾向,

确定彻底平分土地的政策，起草并通过了《中国土地法大纲》，并决定结合土地改革整顿党的组织。

〔6〕贺龙，当时任陕甘宁晋绥联防军司令员。习仲勋，当时任陕甘宁晋绥联防军政治委员。

〔7〕《晋绥日报》，是中共中央晋绥分局机关报。原名《抗战日报》，一九四〇年九月十八日在山西兴县创刊，一九四六年七月一日改为本名。一九四七年下半年，该报曾开展反“客里空”运动，连续发表读者的反映和报社有关调查材料，公开检查土地改革前期宣传中的失实报道，使报纸工作得到改进。一九四九年五月一日终刊。《战斗报》，是晋绥军区政治部机关报。一九三六年十月在湘鄂黔根据地创刊，一九四五年八月暂时停刊，后又继续出版。一九四九年四月改由西北军区出版，一九五〇年终刊。《边区群众报》，是陕甘宁边区的以农村基层干部和农民为主要读者对象的通俗报纸。一九四〇年三月二十五日在延安创刊，一九四七年三月以后，报社随中共中央西北局转战陕北，坚持继续出报。该报通俗易懂，形式多样，活泼有趣，为群众喜闻乐见。

〔8〕巴黎解放，指第二次世界大战后期，巴黎人民为策应盟军进攻巴黎举行的一次成功的武装起义。一九四四年六月，盟军在诺曼底登陆后，巴黎人民抵抗运动进入高潮。八月十九日，在法国共产党的领导下，巴黎全市举行了反对法西斯德国统治的武装起义。二十四日，起义者占领了德军在城市的大部分据点。当天傍晚，盟军坦克部队进抵业已基本解放的巴黎城。二十五日，巴黎解放。北伐军占领上海，这里指上海工人阶级为配合北伐战争、推翻北洋军阀统治而举行的第三次武装起义。一九二七年三月二十日北伐军东路军占领上海附近的龙华，二十一日上海工人在中国共产党的领导下举行了武装起义，经过三十个小时的战斗，于二十二日取得胜利。

〔9〕“总动员令”，指国民党政府一九四七年七月四日发布的《戡平共匪叛乱总动员令》。

〔10〕三青团，即三民主义青年团。一九三八年七月九日正式成立，是国民党控制青年的工具。一九四七年六月三十日，三青团并入国民党。

〔11〕陈独秀，中国共产党的主要创建人之一，在党成立后的最初六年中是党的主要领导人。在第一次国内革命战争后期，犯了严重的右倾投降主义错误。

〔12〕“三三制”，见本卷第225页注〔13〕。

〔**13**〕一九四七年十月十日公布的《中国人民解放军宣言》规定:"本军对于蒋方人员,并不一概排斥,而是采取分别对待的方针。这就是首恶者必办,胁从者不问,立功者受奖。对于罪大恶极的内战祸首蒋介石和一切坚决助蒋为恶、残害人民、而为广大人民所公认的战争罪犯,本军必将追寻他们至天涯海角,务使归案法办。本军警告一切蒋军官兵,蒋政府官员,蒋党党员,凡是尚未沾染无辜人民鲜血的人们,切勿跟那些罪犯们同流合污。凡是已经做过坏事的人们,赶快停止作恶,悔过自新,脱离蒋介石,准其将功赎罪。本军对于放下武器的蒋方官兵,一律不杀不辱,愿留者收容,愿去者遣送。对于起义加入本军的蒋军部队和公开或秘密为本军工作的人们,则给予奖励。"(《毛泽东选集》第四卷,人民出版社 1991 年版,第1238—1239 页)

〔**14**〕指一九四七年七月至九月,刘伯承、邓小平率领的晋冀鲁豫野战军主力部队,陈赓、谢富治率领的由晋冀鲁豫野战军第四、第九纵队、西北民主联军第三十八军和太岳军区第二十二旅所组成的作战集团,以及陈毅、粟裕率领的华东野战军主力部队,挺进中原的军事行动。

〔**15**〕冯玉祥(一八八二——一九四八),安徽巢县人。曾任国民党政府军事委员会副委员长。一九四六年九月以考察水利专使名义出访美国。在美期间,积极从事和支援祖国人民反内战、反独裁的爱国民主运动。一九四七年五月二十六日在旧金山《世界日报》上发表《告全国同胞书》,主张国共停战议和,成立联合政府。十一月上旬,在纽约组织成立旅美中国和平民主同盟,任执行委员会主席。十一月十五日,在美国《民族报》上发表《我为什么与蒋决裂?》一文。十二月七日,出席美国"民主远东政策促进会"为纪念珍珠港事件六周年大会,并发表演说,以确凿的事实说明"美国政府援蒋是走的一条错路,是破坏中美友谊之路,是最不聪明的办法"。

〔**16**〕李鼎铭(一八八一——一九四七),陕西米脂人,开明绅士,曾任陕甘宁边区政府副主席,一九四一年十一月在陕甘宁边区第二届参议会上提出"精兵简政"的提案。刘少白(一八八三——一九六八),山西兴县人,当时任晋绥边区临时参议会副议长,在土地改革运动中,主动将自家土地和多余住房交给人民政府处理。

〔**17**〕华莱士(一八八八——一九六五),美国政治活动家、农业专家。一九四一年至一九四五年任美国副总统期间,主张国际合作,支持中国抗日,反对姑息日本法西斯。一九四四年六月受美国总统罗斯福委派来中国,劝说蒋介石保持国共合

作，联合抗日，并加强中苏关系。一九四六年九月因不同意杜鲁门的遏制苏联政策而辞去美国商业部长的职务。

〔18〕本文说到“要作修改”的地方，是指中共中央一九四七年十月二十七日关于对待自由资产阶级须防止过左倾向的指示中所说的“今天要孤立一切对美蒋尚有幻想的阶级、党派及其领袖，到明天就连反对杜鲁门之美亲华莱士之美、反对蒋介石之国亲李济深之国的阶级、党派及其领袖，也要将他们孤立起来”。

〔19〕关于英、美同苏联的关系问题，一九四六年四月毛泽东针对当时对于国际形势的一种悲观估计，为中共中央起草了《关于目前国际形势的几点估计》一文，但没有发表，只在中共中央一部分领导同志中间传阅过。一九四七年十二月中共中央扩大会议印发了这个文件，到会同志一致同意这个文件的内容。后来全文收入中共中央一九四八年一月发出的《关于一九四七年十二月中央会议决议事项的通知》中，建国后编入《毛泽东选集》第四卷。

〔20〕洛川会议，指一九三七年八月二十二日至二十五日在陕北洛川召开的中共中央政治局扩大会议。这次会议是在全国抗战爆发后的形势下召开的。毛泽东在会上作了关于军事问题和国共两党关系问题的报告，并作了结论。会议通过了《中共中央关于目前形势与党的任务的决定》、《中国共产党抗日救国十大纲领》和毛泽东为中共中央宣传部门起草的宣传鼓动提纲《为动员一切力量争取抗战胜利而斗争》。

〔21〕指一九四七年二月一日毛泽东为中共中央起草的对党内的指示《迎接中国革命的新高潮》（《毛泽东选集》第四卷，人民出版社 1991 年版，第 1211—1217 页）。

〔22〕李井泉，当时任中共中央晋绥分局书记、晋绥军区政治委员。

〔23〕指一九四七年九月二十四日发表的《晋绥边区农会临时委员会告农民书》。《告农民书》共分三部分：第一，要彻底打垮地主阶级，彻底消灭封建；第二，要彻底平分土地和公平合理分配一切果实；第三，要彻底发扬民主，并且有权审查一切组织和干部。

〔24〕指《目前形势和我们的任务》（《毛泽东选集》第四卷，人民出版社 1991 年版，第 1243—1261 页）。

〔25〕晋西北会议，可能指中共中央晋绥分局一九四七年五月七日在山西临县郝家坡召开的讨论土地改革问题的地委书记会议。义合镇会议，指中共中央西北

局一九四七年十一月一日在陕西绥德义合镇召开的贯彻土地法大纲的会议。

〔**26**〕见《毛泽东文集》第一卷第107—110页。